# INTRODUCTION

Les Français vivent une relation passionnelle avec leur police. Ils lui font massivement confiance dans les enquêtes d'opinion, se mobilisent régulièrement contre elle lors d'incidents ou de dérapages aux origines parfois confuses, et donnent l'impression de ne croire ni à sa fiabilité ni à son efficacité dès lors qu'on s'interroge de manière plus approfondie sur les réalités locales. Mais ils ne sont pas les derniers à regarder émissions de télévision et séries, comme le *Commissaire Navarro*, *Julie Lescaut* ou *Une femme d'honneur* qui finissent régulièrement au sommet de l'audimat. Or, dès qu'on dépasse la fiction, on s'aperçoit du grave manque d'information des citoyens, mais aussi de nombre de décideurs, sur l'histoire et le fonctionnement des polices en France, qu'elles soient nationales, spéciales, ou même privées. L'État n'est pas le dernier responsable de cet état de fait, persuadé qu'il est de l'évidence d'une mission régalienne dont il omet souvent de préciser la modernité.

Écrit à deux mains, suivant une souple division du travail, ce volume de la collection « Que sais-je ? » renoue avec les éditions déjà anciennes de L'*Histoire de la police* (« Que sais-je ? », n° 257) et se veut la synthèse raisonnée d'informations éparses et le plus souvent sectorisées et compartimentées. Policiers, gendarmes, services de sécurité des entreprises publiques, policiers municipaux et gardes champêtres, agents de gardiennage et détectives privés sont ici présentés en ce qui est voulu comme un outil d'information et de recherche. Le panorama a été volontairement restreint aux forces exerçant de manière principale des activités de police. Douaniers ou agents de l'administration pénitentiaire, dont la mission est voisine, ne sont ainsi pas pris en compte dans cet ouvrage.

La demande de sécurité progresse fortement en France depuis plus de vingt ans. L'évolution de la criminalité, de la délinquance ou des « incivilités », le retour de la violence physique contre les personnes, la dimension géographique des flux criminels, la mutation des délinquances et des délinquants, ont provoqué une forte inquiétude dans l'opinion et l'apparition du fameux « sentiment d'insécurité », considéré par les uns comme une psychose sociale et par d'autres comme un instrument électoral.

Nous considérons comme naturel de traiter l'insécurité, la délinquance ou l'activité policière comme de tout autre problème de société ou service public. Nous pensons qu'il faut aller au-delà des tabous décrétés par les deux intégrismes culturels antagonistes qui ont longtemps paralysé la réflexion sur ce sujet : excuse sociale absolutoire niant la réalité de la délinquance en présupposant une victimation sociale initiale laquelle justifie finalement la violence, mais oublie les victimes ; répression aveugle préconisant des pratiques sécuritaires, mais ignorant le mécanisme du passage à l'acte ou la personnalité du délinquant présumé.

Pour dépasser ces deux extrémismes, nous estimons qu'il doit exister un espace de réflexion, ouvert aux professionnels publics et privés de la sûreté. Mener à bien cette réflexion consiste d'abord à soumettre au regard critique du public les éléments de

QUE SAIS-JE ?

# Les polices en France

## Sécurité publique
## et opérateurs privés

ALAIN BAUER

Consultant en sûreté
Enseignant (Sorbonne-IHESI)

ANDRÉ-MICHEL VENTRE

Commissaire divisionnaire de la Police nationale
Secrétaire général du Syndicat des commissaires
et hauts fonctionnaires de la Police nationale

*Deuxième édition mise à jour*

*8e mille*

Les auteurs tiennent à remercier la Direction générale de la Police nationale, la Direction générale de la Gendarmerie nationale, Richard Bousquet, Daniel Warfman et Patrick Haas pour leurs informations, conseils, corrections et suggestions.

ISBN 2 13 053177 6

Dépôt légal — 1re édition : 2001
2e édition mise à jour : 2002, octobre

connaissance identifiés (en rappelant encore et toujours la mise en garde nécessaire quant à la bonne utilisation de l'appareil statistique partiel, parcellaire et partial).

C'est l'ambition de cet ouvrage sur les polices en France.

Ce livre est présenté suivant une logique chronologique d'implantation des dispositifs de sûreté en France : Gendarmerie nationale, puis Police nationale, enfin autres services et secteur privé.

\*\*\*

**Articles de la Déclaration des droits
de l'homme et du citoyen du 26 août 1789**

Article 2

Le but de toute association politique est la conservation des droits naturels et imprescriptibles de l'homme. *Ces droits sont la liberté, la propriété, la sûreté et la résistance à l'oppression.*

Article 7

Nul homme ne peut être accusé, arrêté ni détenu que dans les cas déterminés par la loi et selon les formes qu'elle a prescrites. Ceux qui sollicitent, expédient, exécutent ou font exécuter des ordres arbitraires doivent être punis, mais tout citoyen appelé ou saisi en vertu de la loi doit obéir à l'instant : il se rend coupable par la résistance.

Article 12

La garantie des droits de l'homme et du citoyen nécessite une force publique ; cette force est donc instituée pour l'avantage de tous, et non pour l'utilité particulière de ceux à qui elle est confiée.

Article 15

La société a le droit de demander compte à tout agent public de son administration.

\*\*\*

*Police*
Vient du grec *politeia* : « Art de gouverner la cité. »

## Chapitre I

## LA GENDARMERIE NATIONALE

Il n'est pas rare de trouver dans les pays développés des forces nationales de police à caractère ou d'origine militaire. Outre la France, la Belgique, le Luxembourg, l'Italie ou l'Espagne disposent de gendarmeries dont certaines ont été démilitarisées (en Belgique récemment). Ce qui est plus rare est l'existence de dispositifs concurrents couvrant tout le champ du judiciaire.

**Effectifs.**

|  | Années | |
| --- | --- | --- |
|  | *1990* | *2001* |
| Officiers | 2 549 | 3 806 |
| Sous-officiers | 77 920 | 76 849 |
| Volontaires |  | 11 025 |
| Auxiliaires | 10 342 | 3 502 |
| Total | 88 262 | 96 182 |

Depuis la loi de 1970, les appelés du contingent sont autorisés à effectuer leur service national dans la Gendarmerie. Celle-ci a ainsi disposé d'un volant d'une douzaine de milliers d'hommes en moyenne par an, mais cette source s'est progressivement tarie au rythme de la suppression du service national. La

Gendarmerie nationale prévoit donc le recrutement de volontaires dénommés gendarmes adjoints (16 000 à l'horizon 2002), recrutés dans des conditions similaires aux adjoints de sécurité (ADS) de la Police nationale pour un an renouvelable cinq fois.

Plus d'un millier de gendarmes sont détachés auprès d'autres administrations de l'État.

**Recrutement.** – Tous les gendarmes sont sous-officiers. Ils doivent être âgés d'au moins 18 ans et de moins de 36 ans, jouir de leurs droits civiques et d'être de bonne moralité. Ils doivent être reconnus aptes physiquement. Ils ne doivent pas être titulaires d'une pension de retraite militaire. Les sous-officiers de carrière peuvent rejoindre la Gendarmerie après avoir démissionné de leur grade et de leur état. La limite d'âge est de 55 ans pour les sous-officiers, 56 ans pour les majors, de 55 à 61 ans pour les officiers et officiers supérieurs.

Les officiers sont recrutés soit sur concours externe, soit sur concours interne ouvert aux officiers d'active ou de réserve des armées.

De nombreux militaires d'active doivent être intégrés dans la Gendarmerie en application de la Loi de programmation militaire 1997-2002 (3 500). Par ailleurs des postes civils sont créés (plus de 1 900 en l'an 2000).

Les gendarmes adjoints sont recrutés sur contrat de douze mois renouvelables dans la limite de soixante mois. Leur formation est de dix semaines en école puis six semaines en unité. Ils sont agents de police judiciaire adjoints (APJA).

**Organisation.** – La Gendarmerie nationale est subdivisée en différentes forces affectées à des missions spécifiques. Elle est, depuis la réforme du 1er juillet 2000, divisée en 7 régions de Gendarmerie découpées suivant les zones de défense.

Elle est dirigée par un directeur général, traditionnellement civil, et dépend du ministère de la Défense. Pour ses missions non militaires, elle dépend en général du préfet du département. Pour ses missions judiciaires, elle est soumise à l'autorité du parquet et/ou du magistrat instructeur.

*Gendarmerie départementale.* – Héritière de la sédentarisation de 1720[1], la gendarmerie départementale est forte de 3 603 brigades territoriales[2], 343 unités de recherche et 93 brigades départementales de renseignement judiciaire, 227 pelotons de surveillance et d'intervention (créés en 1977 à titre de renfort, surtout la nuit), 36 brigades de prévention de la délinquance juvénile (créées en 1997 au moment où la police nationale supprimait les siennes), 93 escadrons de sécurité routière et 129 pelotons d'autoroute, 22 pelotons de montagne et 10 sections aériennes, 5 brigades fluviales, elle comprend en 2001 près de 63 500 femmes et hommes. 397 compagnies regroupant entre 6 et 15 brigades sont placées sous l'autorité de 97 groupements départementaux et 22 légions régionales.

Le nombre de brigades territoriales subit une diminution sensible depuis quelques années, la Gendarmerie se réorganisant de manière plus discrète mais visiblement plus affirmée que la Police nationale.

1. Les casernes devaient « être installées dans une résidence séparée, de telle sorte qu'elle ait 4 ou 5 lieux (1 lieu équivaut à environ 4 km) à garder d'un côté et de l'autre sur une grande route ».
2. La Gendarmerie nationale dispose de 4 225 casernes.

Le nombre des brigades est passé de 3 643 en 1995 à 3 607 en 2002.

De 19 heures à 7 heures du matin, les appels sont reroutés vers des Centres opérationnels de permanence. Plus de 3 millions d'appels ont été reçus en 2001, dont 2,3 millions la nuit, et ont généré près de 400 000 interventions.

*Gendarmerie mobile.* – Issue des bataillons mobiles créés en 1830 à Rennes, Nantes et Angers, puis des pelotons mobiles mis en place en 1921, elle prend sa dénomination moderne en 1954 après la sombre période de l'occupation qui avait vu la création d'une unité autonome (GMR).

Elle comprend 17 025 hommes (dont 300 appelés) répartis en 129 escadrons, 7 pelotons spéciaux de sécurité et 1 Groupement de sécurité et d'intervention (GSIGN) comprenant le GIGN, l'Escadron parachutiste d'intervention (EPIGN) et le Groupe de sécurité du président de la République (GSPR).

L'EPIGN a été créé en 1971 à Mont-de-Marsan sous la dénomination d'Escadron parachutiste de la gendarmerie mobile (EPGM). Devenu l'un des deux groupes du GIGN en 1974, il dispose d'environ 140 hommes dont une quarantaine de chuteurs opérationnels.

La gendarmerie mobile est regroupée en 9 légions de gendarmerie mobile qui dépendent également de la circonscription de gendarmerie de leur lieu d'implantation.

Selon le rapport Nouailles-Degorce de juillet 1998, les unités mobiles de gendarmerie consacreraient plus de 55 % de leur activité à la sécurisation, à l'assistance à la gendarmerie départementale, aux gardes statiques ou au concours judiciaire.

Comme pour la Police nationale, un effort de fidélisation des unités mobiles de la gendarmerie a été entamé depuis 1999 (circulaire d'emploi du 21 septembre 1999, décret du 10 novembre 1999)[1].

*Formations spécialisées.* – Assurant les missions de sécurité et les services d'honneur pour les institutions, la Garde républicaine comprend deux régiments d'infanterie, un régiment de cavalerie et des formations spécialisées (environ 3 000 hommes). La gendarmerie des transports aériens comprend 34 brigades (environ 1 000 hommes) et la gendarmerie de l'armement 18 unités. On compte également 100 brigades et postes (environ 1 200 hommes) de gendarmerie maritime et 61 brigades de gendarmerie de l'air (environ 1 200 hommes) à vocation de protection des installations militaires.

La gendarmerie dispose également d'une unité de spéléologie.

L'Institut de recherche criminelle de la Gendarmerie (IRCGN) dispose de moyens modernes d'identification. L'Institut a développé des dispositifs avancés en biologie (ADN) et sur l'identification de la voix. Pour la balistique, en coopération avec la Police nationale, a été développé le logiciel CIBLE de comparaison. Près de 4 000 saisines (stables par rapport à 2000) ont submergé les laboratoires en 2001. Près de 700 dossiers, notamment d'empreintes digitales, n'ont pu être traités. Un nouveau Service central de préservation des prélèvements biologiques (SCPPB) est en cours d'installation à Rosny-sous-Bois.

Par ailleurs, la Gendarmerie nationale assure depuis 1996 la direction de la Cellule interministérielle

---

1. Voir plus loin, p. 42, fidélisation et emploi des CRS.

de lutte contre la délinquance itinérante (CILDI). Cette structure, apparentée aux Offices centraux qui relèvent de la DCPJ, est le seul dispositif interministériel contrôlé par la gendarmerie (la Police nationale ayant d'ailleurs « omis » d'y affecter des personnels).

**Temps de travail.** – Le temps de travail moyen d'un gendarme est d'environ neuf heures trente par jour et de quatorze heures par jour en comptant les astreintes. Cette durée est stable depuis environ dix ans.

**Départs à la retraite.** – Les départs à la retraite se sont accélérés au cours des dernières années passant d'environ 2 800 en 1985 à plus de 4 200 en 1999. L'ancienneté explique pour l'essentiel cette évolution, mais un pic de résiliations volontaires de contrat a été constaté en 1999, notamment en raison des mesures d'incitation prévues par la Loi de programmation militaire 1997-2002.

**Moyens.** – La Gendarmerie nationale dispose de 27 750 véhicules (dont 180 blindés), 43 hélicoptères, 34 vedettes et de 350 000 armes de tout type.

Par ailleurs, la Gendarmerie est dotée de 389 chiens (dont 20 chiens d'avalanche, 40 chiens de recherche d'explosifs et 100 chiens de recherche de stupéfiants) et de 523 chevaux affectés à la Garde républicaine.

La Gendarmerie dispose également d'un réseau de communication numérique intégré dénommé RUBIS, totalement opérationnel depuis 2000.

La Gendarmerie souffre d'une importante crise de renouvellement de son parc d'hélicoptères. L'achat de 8 appareils biturbines est toutefois programmé au cours des prochaines années par redéploiement de la dotation prévue pour la réalisation d'un nouveau véhicule blindé polyvalent[1].

**Budget.** – En 2001, le budget de la Gendarmerie nationale était de 23,77 milliards de francs, en progression de 2,6 % sur 2000, alors que le budget de la Défense passait à 187,4 milliards de francs (hors pensions), en baisse de 1,3 %. Les dépenses de personnels représentent 82 % du budget.

**Missions.** – La Gendarmerie exerce en même temps des missions de police judiciaire, de prévôté militaire, de police administrative et de maintien de l'ordre.

*Activité judiciaire.* – En 2001, elle a constaté 1 088 585 crimes et délits (+ 11,29 % par rapport à 2000), parmi lesquels 63 990 vols (+ 15,06 %), 114 716 infractions économiques et financières (+ 0,77 %), 72 470 atteintes aux personnes (+ 10,20 %) et 146 647 autres infractions. Les infractions à la législation sur les stupéfiants constatées ont progressé de plus de 10 %.

Le taux d'élucidation est passé à 32,15 % et continue d'afficher un très net recul puisqu'il était encore de 52,83 % en 1996. À la différence de la Police nationale qui avait atteint son plus bas avec 21,93 % et qui remonte depuis pour atteindre en 2001 le taux de 22,27 %, la Gendarmerie nationale semble particulièrement touchée par la « rurbanisation » de la délinquance et la mutation des formes et de la géographie

1. Voir, pour tous ces sujets, l'avis présenté sur le budget 2000 de la Gendarmerie par le sénateur Masson, document 92, Sénat 1999-2000.

de la criminalité, bien que cette indication ne permette pas d'expliquer certaines fortes baisses du taux d'élucidation dans des brigades rurales non encore touchées par les mouvements démographiques.

La Gendarmerie nationale a provoqué 149 830 mesures de garde à vue, soit 17 % des gardes à vue nationales, alors que 25 % des crimes et délits enregistrés l'ont été sous sa responsabilité. Elle assure sa mission sur 95 % du territoire[1], 95 % des frontières terrestres pour moins de 50 % de la population. 11 765 personnes ont été écrouées. Le nombre des mineurs mis en cause représente 19,50 % de cette masse (+ 9,70 % par rapport à 2000).

L'activité judiciaire de la Gendarmerie pose régulièrement des problèmes de compétences dans la mesure où elle peut exercer celles-ci sur l'ensemble du territoire et pas seulement dans les zones « rurales ». Le décret de 1903 prévoit ainsi expressément que sa mission « s'exerce dans toute l'étendue du territoire quel qu'il soit, ainsi qu'aux armées ». Il lui arrive ainsi d'être mise en concurrence, ou de travailler en parallèle, avec les services de police.

La Gendarmerie dispose de plus de 19 000 officiers de police judiciaire habilités à traiter des procédures.

Par ailleurs, l'usage de ses armes est fixé par des dispositions différentes de la Police nationale n'imposant pas la seule légitime défense.

La Gendarmerie nationale ne dispose pas d'un Code de déontologie (la Police nationale a vu le sien publié en 1986) mais estime que les textes fondateurs de Germinal an VIII et de 1903 suffisent amplement.

---

1. Mais 100 % d'un point de vue strictement judiciaire.

*Police administrative.* – La Gendarmerie nationale assure des activités de renseignement, de police de la route, de police de l'air, des frontières, des ports et aéroports, de police des étrangers, de police rurale, de police sanitaire, de protection civile, de secours en mer ou en montagne. Elle a constaté ainsi, en 2001, plus de 42 200 accidents corporels dont les trois quarts hors agglomérations, conduit 3 077 opérations de secours en montagne et 971 opérations de secours en mer.

*Maintien de l'ordre.* – La gendarmerie mobile spécialisée est occupée à près de 40 % de son temps pour des opérations de maintien de l'ordre et au tiers en support ou renfort à la gendarmerie départementale. Ses 17 025 hommes sont plus de deux cents jours par an en déplacement.

La dualité avec la Police nationale existe aussi sur le terrain de l'ordre public mais dans des conditions plus favorables pour le ministère de l'Intérieur puisqu'il décide, directement ou par l'intermédiaire des préfets, de l'utilisation des forces mobiles, qu'elles soient issues de la PN ou de la GN.

*Prévôté militaire et défense.* – Dans le cadre de la Loi de programmation militaire et du plan Gendarmerie 2002, la Gendarmerie nationale a pris en compte les nouvelles menaces et développé des programmes de lutte contre le terrorisme, les organisations criminelles, les sectes.

Elle assume aussi des missions de défense opérationnelle du territoire et dispose de considérables forces de réserve (50 000 hommes).

Elle intervient à l'étranger (forces de maintien de la paix sous égide de l'ONU, de l'OTAN ou de l'UEO au

Liban, en Albanie, en Haïti, au Kosovo...). Elle assure également la protection de certaines ambassades ou institutions françaises à l'étranger.

Elle assure les missions de prévôté auprès des forces françaises stationnées en Allemagne (9 brigades et 3 pelotons).

*Activité 2001.*

| Services | % | Missions | % |
|---|---|---|---|
| De jour | 58 | Police administrative | 53 |
| De nuit | 12 | Judiciaire | 35 |
| En caserne | 8 | Défense | 5 |
| Instruction | 5 | Transfèrements | 2 |
| Soutien logistique | 5 | Divers | 3 |

Au cours des dernières années, la part de la sécurité publique est passée de 32,5 % à près de 36 %, la circulation routière de 17,9 % à 16,5 %, les missions militaires de 6,3 % à 5 %, les missions de police judiciaire de 38,3 % à 35 %.

## Les nouvelles frontières de la Gendarmerie nationale

Comme le confirme le dernier recensement de la population menée par l'INSEE en 1999, la population protégée par la Gendarmerie nationale continue à progresser rapidement pour atteindre près de 30 millions de personnes en 1999 et est estimée à près de 35 millions en 2015.

Entre 1975 et 1999, les pôles urbains, selon l'INSEE, sont passés de 32,8 à 35,2 millions d'habitants, les communes périurbaines de 6,5 à 9,6 millions d'habitants et les espaces ruraux sont restés stables de 13,1 à

13,6 millions d'habitants. Mais, en pourcentage de la population, les zones urbaines régressent de 62,5 à 60,2 %, alors que les communes périurbaines progressent de 12,4 à 16,5 %.

Ces mouvements démographiques contribuent donc à une modification substantielle des populations sous protection de la Gendarmerie et modifient en même temps les bassins d'emploi, de logement, de transports, et de délinquance.

494 brigades exercent une compétence sur les zones périurbaines (environ 13 % de l'ensemble), dont 177 sur des zones sensibles[1]. On note dans ces zones une forte augmentation des appels aux centres opérationnels fonctionnant la nuit et une multiplication des interventions déclenchées. De ce fait, les charges entre les brigades les plus rurales et les plus urbaines sont fortement déséquilibrées. On note un différentiel de gendarme par habitant allant à l'extrême de 1 pour 19 habitants à 1 pour 2 355 et de criminalité de 1 crime ou délit par gendarme et par an à 250 par gendarme et par an.

En 1983, les directions générales de la Police nationale et de la Gendarmerie nationale estimaient que 157 communes sous compétence Police devaient passer en zone Gendarmerie et 357 devaient suivre l'opération inverse. Les rapports Nouaille de Gorce, puis Hyest-Carraz confirmaient ces orientations en fixant des critères plus précis et réduisant les ambitions à 89 circonscriptions le passage vers la Gendarmerie nationale et à 38 villes l'option inverse.

Les tentatives menées depuis ont touché un nombre assez faible de communes (moins d'une dizaine) alors

1. Rapport Alloncle, brochure n° 62, Sénat 1997-1998.

que la première mission sur le sujet (rapport Racine) date de 1973.

La Gendarmerie en a pris conscience, entamant depuis quelques années un redéploiement de ses effectifs toutefois fortement tempéré par la mobilisation des élus locaux. De ce fait, les redéploiements ont souvent dû être effectués par le remplacement de gendarmes expérimentés par des gendarmes adjoints.

Bien que fortement ébranlée par l'affaire des « paillotes »[1] en Corse, la Gendarmerie a surmonté cette crise de fonctionnement qui ne saurait toutefois masquer la crise sociale qui semble mitonner depuis 1989 dans un corps dont les personnels ont vieilli et qui cherche à retrouver une place identifiable sur le territoire de la sécurité publique.

---

1. Des gendarmes affectés en Corse ont reconnu avoir provoqué l'incendie de paillotes illégalement construites en bord de mer en 1999, provoquant un important scandale et la mise en cause du préfet de région.

Chapitre II

## LA POLICE NATIONALE

L'organigramme pyramidal de l'administration de la Police nationale est la caractéristique principale que le profane retiendra au premier examen. Il est le résultat des événements qui firent l'histoire de notre pays et a été conçu pour favoriser l'exercice du commandement de la force publique par l'État.

### Structures

**La Direction générale de la Police nationale (DGPN).** Structure d'administration centrale, la DGPN a remplacé le secrétariat général pour la police qui avait pris la place de la direction de la sûreté nationale. Créée par le décret du 29 septembre 1969, dotée de compétences lui conférant une vocation à animer et coordonner l'action des différentes directions de la Police nationale, elle s'est vu attribuer la gestion de missions opérationnelles particulières.

Lui sont ainsi rattachées :
– la Direction de l'administration de la Police nationale (DAPN) ;
– la Direction de la formation de la Police nationale (DFPN) ;
– l'Inspection générale de la Police nationale (IGPN) ;
– la Direction centrale de la sécurité publique (DCSP) ;
– la Direction centrale de la police judiciaire (DCPJ) ;

Effectifs réels au 1er juin 2002

| Directions | HF | C. | O. | G. | Adm. | ADS | Total |
|---|---|---|---|---|---|---|---|
| DCSP | 13 | 691 | 6 037 | 57 162 | 5 475 | 11 355 | 80 733 |
| DCRG | 5 | 186 | 1 371 | 734 | 750 | 16 | 3 062 |
| DCPAF | 4 | 71 | 671 | 5 146 | 327 | 831 | 7 050 |
| SCCRS | 2 | 31 | 426 | 12 784 | 1 407 | 508 | 15 158 |
| DCPJ | 6 | 192 | 1 870 | 808 | 1 338 | 14 | 4 228 |
| DST | 6 | 87 | 650 | 425 | 270 | 13 | 1 451 |
| DAPN | 0 | 20 | 51 | 90 | 1 508 |  | 1 669 |
| DFPN | 4 | 71 | 355 | 1 407 | 1 110 | 139 | 3 086 |
| Divers | 27 | 230 | 634 | 1 608 | 404 | 60 | 2 963 |
| PP | 20 | 225 | 2 601 | 15 056 | 637 | 645 | 19 184 |
| Élèves |  | 135 | 1 143 | 5 206 |  | 697 | 7 181 |
| Total | 87 | 1 939 | 15 809 | 100 426 | 13 226 | 14 278 | 145 765 |

HF : Hauts fonctionnaires ; C. : Commissaires ; O. : Officiers ; G. : Gardiens ; Adm. : Administratifs ; ADS : Adjoints de sécurité.

– la Direction centrale des renseignements généraux (DCRG) ;
– la Direction de la surveillance du territoire (DST) ;
– la Direction centrale de la police aux frontières (DCPAF) ;
– le Service central des CRS (SCRS) ;
– le Service central de coopération technique internationale de police (SCTIP) ;
– le Service de protection des hautes personnalités (SPHP).

Il faut ajouter, à cet ensemble :

– l'Unité de coordination de la lutte antiterroriste (UCLAT) ;
– l'Unité de recherche, d'assistance, d'intervention et de dissuasion (RAID) ;
– l'Unité de coordination et de recherches anti-mafias (UCRAM) ;
– la Mission de lutte anti-drogue (MILAD) ;
– le Service de sécurité du ministère de l'Intérieur (SSMI) ;
– le Service central automobile (SCA).

Dirigé par un haut fonctionnaire (contrôleur général ou inspecteur général), le cabinet du directeur général peut être considéré comme un service à part entière, compte tenu de ses missions, tant administratives qu'opérationnelles.

La DGPN centralise toutes les informations utiles à la gestion de l'ensemble des forces :

– le bureau de l'ordre public est notamment en charge de la répartition des unités mobiles (CRS) ;
– le bureau des personnels assure la gestion des ressources humaines ;

— le bureau de défense est chargé des liaisons avec le haut fonctionnaire de Défense, le secrétariat général de Défense nationale et les directions centrales chargées de la mission de renseignement (RG et DST) ;
— le bureau des questions internationales ;
— le bureau de l'équipement et de la logistique ;
— une cellule de communication.

Sont rattachés pour gestion à la DGPN des agents affectés en réalité au sein des organisations syndicales, mutuelles, associations, fédérations sportives ou autres... Ils ne sont pas comptabilisés dans le tableau ci-dessus et le nombre est difficile à connaître. Selon l'étude d'Alain Bauer (janvier 1999), 1 646 agents étaient affectés hors du service actif, parmi lesquels 1 395 policiers et 21 auxiliaires – 188 dans des mutuelles, 222 en décharge syndicale totale – sont détachés ou mis à disposition (1 615 en 1997, 1 725 en 1996, 1 771 en 1995). C'est là un chiffre global, mais concernant essentiellement des effectifs de sécurité publique. Les décharges pour activité syndicale ou mutualistes représentaient environ 650 équivalent-emplois (777 en 1983, 734 en 1990). Les personnels en disponibilité étaient environ 80.

**La Direction de l'administration de la Police nationale (DAPN).** – Créée par le décret du 16 janvier 1995, la DAPN est constituée de quatre sous-directions en charge des principales missions (finances, ressources humaines, logistique, la modernisation et la prospective).
Bien qu'ayant l'administration pour compétence principale, cette direction ne dispose pas d'échelon territorial. Les Secrétariats généraux pour l'adminis-

tration de la police (SGAP) ne sont pas les structures déconcentrées de la DAPN. Au nombre de 7 et implantés au siège des zones de défense, les SGAP sont des réminiscences de l'organisation née de l'étatisation de 1941. Structures administratives souvent contestées en raison de leur éloignement des réalités de terrain, les secrétariats généraux pour l'administration de la police ont vu leurs prérogatives rognées par la déconcentration budgétaire initiée à la fin des années 1980.

**La Direction de la formation de la Police nationale (DFPN).** – Issue de la sous-direction de la formation et des écoles de la DAPN, la DFPN est devenue une direction active de la Police nationale par décret du 28 janvier 1999. Cette « qualité » de direction autonome lui avait déjà été reconnue à la fin des années 1980 mais sans le label de direction active. Cette nouveauté signifie que la formation est une mission de police *sui generis*.

Comme les autres directions actives, la DFPN est structurée en services centraux et services déconcentrés et territoriaux.

*Les services centraux.* – Ils sont composés de :

– la sous-direction des enseignements, chargée de définir en liaison avec les directions concernées les programmes de formation initiale et continue. Le Centre national d'études et de formation de Gif-sur-Yvette lui est rattaché ;
– la sous-direction des moyens (personnels, affaires logistiques et immobilières et affaires financières) ;
– l'Institut national de la formation de la Police nationale ;
– la mission de la programmation et de l'évaluation.

*Les services territoriaux.* – Les écoles de police se répartissent en deux catégories :

– les écoles supérieures de police avec l'École nationale supérieure des officiers de police située à Cannes-Écluses et l'École nationale supérieure d'application de la Police nationale implantée à Toulouse (pour les officiers de police) ;
– les 14 écoles nationales de police de Châtelguyon, de Draveil, de Fos-sur-Mer, de Marseille, de Montbéliard, de Nîmes, de Oissel, de Paris, de Périgueux, de Reims, de Roubaix, de Saint-Malo, de Sens et de Vannes (pour les gradés et gardiens).

L'École nationale supérieure de police de Saint-Cyr-au-Mont-d'Or, qui forme les commissaires de police, constitue une exception en raison de son statut d'établissement public placé sous la tutelle du ministre de l'Intérieur.

Les écoles ont assuré début 2000 la formation initiale de 7 806 élèves (chiffre exceptionnellement élevé rarement atteint au cours des vingt dernières années).

Les directions régionales de la formation (10) sont intégrées aux SGAP de Bordeaux, Toulouse, Dijon, Versailles, Lille, Lyon, Marseille, Metz, Paris et Rennes.

Les centres de formation de la Police nationale (15) de Aix-les-Milles, de Béthune, de Aubière, de Carcassonne, de Chassieu, de Grenoble, de Mulhouse, de Nantes, de Nice, de Perpignan, de Saint-Brieuc, Sainte-Foy-lès-Lyon, de Sancerre, de Toulouse et de Troyes assurent la formation continue décentralisée des policiers.

La DFPN a vu son rôle accru par l'adoption du principe de la « formation-sanction ». Cela signifie que, pour avancer dans sa carrière, le policier doit effectuer une période de formation continue. Ce principe novateur dans la fonction publique de l'État atténue les effets de la gestion des carrières à l'ancienneté, permet de vérifier le maintien à niveau des connaissances professionnelles et d'accroître le professionnalisme des policiers.

**L'Inspection générale de la Police nationale (IGPN).** Affublée d'appellations toutes très imagées (« bœufs-carottes », « police des polices », « cimetière des éléphants », etc.) qui sont aux antipodes de la réalité, l'Inspection générale de la Police (IGPN) trouve son origine dans la création (décret du 20 décembre 1884) de deux commissaires spéciaux chargés de mener des enquêtes sur les services et personnels. L'Inspection générale de la Police nationale est créée en 1969 et sera rejointe en 1973 par l'Inspection générale des services de la préfecture de police à Paris (IGS).

Chargée des missions d'inspection des services (contrôle et audit), d'enquêtes administratives et/ou judiciaires, l'IGPN a été dotée d'une troisième compétence d'analyse prospective.

Ses membres ont une compétence nationale, à l'exception de ceux rattachés à l'IGS qui ne peuvent aller au-delà des limites de la petite couronne.

Elle comprend :

– à Paris, un secrétariat général, un cabinet des audits, un cabinet des études et un cabinet central de discipline ;
– deux délégations régionales de discipline, à Lyon et à Marseille.

Sa compétence comprend :

- la mission de contrôle des services (audit interne) ;
- la mission d'étude et de prospective (afin de concourir à l'amélioration des services) ;
- la mission d'enquête en matière disciplinaire. Elle diligente environ 1 200 enquêtes administratives et/ou judiciaires par an. La loi du 18 mars 1999 sur les polices municipales a élargi son champ de compétence. L'Inspection générale des services (pour la préfecture de police et les services implantés en petite couronne parisienne hormis les services centraux) peut être saisie directement par les particuliers.

**La Direction centrale de la sécurité publique** (DCSP). À la suite de l'étatisation de 1941 il est créé au sein de la direction générale un service de la sécurité publique.

Après de nombreuses péripéties, elle sera recréée par les décrets d'août et décembre 1993.

Ses fonctionnaires sont dotés de compétences administratives et judiciaires afin de maintenir l'ordre public, de prévenir et de réprimer les infractions à la loi pénale. Elle dispose des effectifs les plus importants de l'ensemble de la Police nationale et son assise territoriale est essentiellement urbaine.

La DCSP est composée d'un échelon central et de services déconcentrés.

*La centrale.* – La DCSP est structurée en sous-directions et bureaux :

- la sous-direction des moyens (logistique, formation, informatique et personnels) ;
- la sous-direction des missions (délinquance urbaine

et affaires judiciaires, ordre public et police générale, prévention et politique de la ville, circulation,
liaisons et coordination) ;
– la sous-direction des liaisons extérieures (chargée
aussi de compétences d'audit sur les services territoriaux).

Dotée d'une vocation de soutien et de commandement, elle ne dispose pas de structures opérationnelles.
La DCSP n'est pas pourvue d'une structure autonome chargée de l'analyse et de la prospective
alors qu'elle collecte un très grand nombre d'informations relatives à la sûreté des personnes et à
l'ordre public.

*Les services territoriaux.* – Chargée de la couverture
du « terroir urbain », présente dans chacun des départements du territoire national, y compris l'outre-mer,
la DCSP gère 462 circonscriptions et 678 structures
locales couvrant plus de 1 600 communes. Elle assure
la sécurité de plus de 30 millions de Français. Bien
que la loi d'orientation et de programmation pour la
sécurité du 21 janvier 1995 ait disposé, par le biais de
textes postérieurs, que le seuil de compétence de l'État
est fixé à 20 000 habitants, plus de 110 circonscriptions à densité plus faible restent sous administration
Police nationale.

*Les directions départementales de la sécurité publi-
que.* – La cellule de base est la circonscription et le service de référence est la direction départementale de la
sécurité publique. Le référent de territorialité pour la
sécurité publique est le département.
Le directeur départemental de la sécurité publique
a autorité sur l'ensemble des services de sécurité

27

publique de son département. Il est le conseiller du préfet du département en matière de sécurité publique et il l'assiste dans la préparation et l'exécution du budget des services. L'État n'a eu ni l'audace ni l'intelligence de lui faire signer le contrat local de sécurité qu'il prépare pour le compte du préfet du département.

Sont rattachés à la DDSP des services opérationnels départementaux :

- la salle d'information et de commandement (SIC radio) ;
- le service de gestion opérationnelle (SGO) ;
- le service de l'ordre public (SOP) avec la compagnie départementale d'intervention chargée des missions de soutien et d'assistance et l'unité de transfèrements ;
- la sûreté départementale (SUD) chargé du soutien judiciaire ;
- l'unité cynophile (brigade qui peut comprendre une unité de capture des molosses BCM) ;
- la formation motocycliste ;
- la brigade anticriminalité (BAC).

Dans certaines villes (Marseille, Lyon, Lille, Strasbourg, Nice notamment), un Groupe d'intervention de la Police nationale (GIPN) peut lui être rattaché.

Dans la plupart des cas (hormis les grands départements et les grandes villes comme ceux de la couronne parisienne ou Lille et Marseille), le directeur départemental est en même temps commissaire central, chef de circonscription, de la ville siège.

*La circonscription de sécurité publique.* – Elle est l'élément de base. La quasi-totalité des circonscriptions dépasse les limites de la localité d'implantation et peut agglomérer ainsi plusieurs communes.

Plusieurs circonscriptions ou arrondissements peuvent être regroupés en district.

Placée sous l'autorité d'un chef de circonscription, qui peut avoir le titre de commissaire central dans certaines villes, elle est organisée en services qui ont des missions bien identifiées :

– le Service de la police de proximité (SPP) est en charge des missions de prévention (police administrative) et de répression (des infractions de voie publique notamment). Le SPP regroupe tous les services (le quart en charge du traitement du judiciaire en temps réel, les BAC, les îlotiers, police secours, etc.) ;
– le Service d'investigation et de recherche (SIR) est en charge de missions de police judiciaire ;
– le Service de l'ordre public et de la sécurité routière (SOPSR) est chargé de l'ordre public et de la circulation.

La circonscription peut se voir dotée d'un service de police scientifique et technique local (167 SLPTS et 491 bases techniques composées de 2 à 3 agents).

Le chef de circonscription est officier du ministère public auprès du tribunal de police. Il assume les fonctions dévolues au parquet pour les contraventions des quatre premières classes.

Mise à contribution au quotidien, la sécurité publique place ses fonctionnaires en première ligne et en situation d'urgence permanente.

Une importante réforme des circonscriptions de sécurité publique est engagée (circulaire du 26 février 2000 et projet du 27 juin 2000).

*L'activité de Police secours en 2001.* – Service de police le mieux connu et le plus utilisé par les citoyens, Police secours a réalisé 2 714 311 interventions représentant 4 071 467 heures. Cela représente une moyenne de 7 435 interventions par jour sur l'ensemble des 462 circonscriptions de sécurité publique. Cette activité est en constante augmentation et concerne pour la plus grande part les différends familiaux, les tapages et les incendies ou sinistres. Les secours aux malades ou accidentés sur la voie publique ne viennent qu'en cinquième position avec près de 60 000 interventions.

---

**La police de proximité**

Doctrine d'emploi orientée principalement sur la protection des personnes et des biens, elle ambitionne de rapprocher la police et la population. Inspirée des expériences de *community policing* menées dans les pays anglo-saxons et au nord de l'Europe, elle met en œuvre des principes opérationnels rapprochant les policiers de leurs territoires d'intervention.

À cet effet, les fonctionnaires sont « territorialisés » en étant affectés à un espace défini (quartier, cité ou entité urbaine créée en fonction d'une problématique donnée) dont ils ont la responsabilité. Le principe de la polyvalence fonctionnelle les conduit à assumer des missions de police administrative et/ou de police judiciaire afin d'apporter une réponse immédiate.

La mise en œuvre de cette stratégie a été précédée dès avril 1999 d'une phase d'expérimentation sur cinq sites pilotes (Nîmes, Garges-lès-Gonesse, Les Ullis, Beauvais et Châteauroux) avant d'être étendue à 62 autres circonscriptions en septembre 1999 lors d'une deuxième phase. D'ici à 2002, elle devrait être généralisée sur l'ensemble du territoire.

Une importante réforme de la préfecture de police de Paris a été parallèlement entamée dès avril 1999.

La question des moyens reste cependant posée tant il est vrai que la police de proximité n'est pas économe de temps, d'effectifs et de matériels. En revanche, sa pertinence ne peut être contestée et les premiers résultats de son activité le montrent clairement, tout particulièrement à Paris où, malgré des besoins forts en effectifs de police judiciaire (OPJ et APJ), le taux d'élucidation est passé d'environ 14 % à plus de 17 % en flux...

---

**Les CSP supprimées ou transférées**
**à la Gendarmerie depuis 1995**

Corte
Aubusson
Bagnères-de-Bigorre
Hirson
Les Andelys
Saint-Junien
Vitry-le-François

---

**La Direction centrale de la police judiciaire (DCPJ).** Cette direction centrale peut être considérée comme le premier service spécialisé. Ce sont les tristes exploits de bandes de malfaiteurs très mobiles et très dangereux qui provoquèrent la naissance des « brigades du Tigre ». Georges Clemenceau crée le 30 décembre 1907 12 brigades mobiles afin de donner une organisation à la lutte contre les crimes et les délits de droit commun.

La DCPJ traite de tous les phénomènes criminels ou délictueux qui se manifestent par le fait de l'organisation (trafic de stupéfiants) ou de l'importance tant du point de vue du préjudice (objets d'art), de la qualité de la victime (prostitution), de la qualité de l'infraction elle-même (financière) que du point de vue de l'enjeu concrétisé par l'infraction (terrorisme).

La définition de cette compétence matérielle, ajoutée au fait qu'elle est dotée d'une compétence territoriale nationale, a posé des difficultés importantes au point que les textes du Code de procédure pénale (art. D4 du décret du 23 décembre 1958) sont source de conflits multiples dans leur application en raison de la complexité croissante des affaires, de la mobilité très grande des auteurs d'infractions, de l'extrême possessivité des enquêteurs qui répugnent à se faire dessaisir, de concepts dépassés de procédure pénale encore en vigueur en France et de la « concurrence » avec la Gendarmerie nationale.

La structuration de la Direction centrale de la police judiciaire a aussi été définie en fonction du rôle international qui lui est assigné depuis la création de l'Organisation internationale de police criminelle (Interpol) en 1948, puisqu'elle est Bureau central national (BCN) pour la France.

Composée d'un échelon central divisé en sous-directions et d'échelons territoriaux, les services régionaux et antennes de police judiciaire, la DCPJ est aussi un laboratoire d'essai qui la pousse à créer des services utiles mais parfois supprimés pour des raisons peu claires (comme la Centrale de recherche et d'analyse sur le crime organisé ou CRACO, dissoute au bout de trois années).

*La centrale.* – Elle comprend quatre sous-directions :
– la sous-direction des affaires criminelles ;
– la sous-direction des affaires économiques et financières ;

– la sous-direction des études et des liaisons extérieures ;
– la sous-direction de la police scientifique et technique.

Un état-major assiste le directeur central. C'est au
niveau central, et pour satisfaire à la vocation interministérielle de la PJ, que l'on trouve des structures spécifiques : les offices centraux.

*La sous-direction des affaires criminelles.* – Corres-
pondante de tous les services déconcentrés de la PJ et
de tous les services qui lui sont étrangers tant à
l'intérieur qu'à l'extérieur de la Police nationale,
la SDAC est structurée en divisions auxquelles sont rattachés des offices centraux spécialisés :

– la division de la logistique opérationnelle, service de
soutien ;
– la 5ᵉ division chargée de la répression des atteintes
aux personnes ;
– la division nationale antiterroriste (DNAT), qui comprend l'office central pour la répression du trafic
des armes et des explosifs ;
– l'office central pour la répression du trafic illicite
des stupéfiants (OCRTIS) (décrets du 21 novembre 1933 et du 3 août 1953) ;
– l'office central de lutte contre le trafic des biens culturels (OCLTBC) (décrets du 2 juin 1975 et du
25 mars 1997) ;
– l'office central pour la répression de la traite des
êtres humains (OCRTEH) (décret du 31 octobre 1958).

Les offices centraux comptent des effectifs provenant de la Gendarmerie nationale, des douanes, du

fisc et de la chancellerie. Certains (OCRTIS notamment) disposent d'officiers de liaison implantés à l'étranger.

*La sous-direction des affaires économiques et financières.* – La SDAEF est structurée en quatre divisions :

- la 8ᵉ division (infractions liées au droit des affaires) ;
- la 9ᵉ division est en réalité l'office central pour la répression de la grande délinquance financière (OCRGDF) (décret du 9 mai 1990) ;
- la 10ᵉ division (office central pour la répression du faux monnayage, créé par un arrêté du 11 septembre 1929) (OCRFM) ;
- la division de la logistique opérationnelle (formation et soutien) ;
- l'Office central de lutte contre la criminalité liée aux technologies de l'information et de la communication (OCLCLTIC) (décret du 15 mai 2000).

*La sous-direction de la police technique et scientifique*[1]. – Située à Écully, elle met à la disposition de l'ensemble des services de la Police nationale les fichiers centraux, les moyens techniques et scientifiques indispensables à l'exécution de leurs missions.

Elle compte quatre services :

- la division de la logistique opérationnelle (soutien) ;
- le service central des laboratoires qui administre et coordonne les actions des laboratoires de police scientifique de Paris, Lille, Lyon, Marseille et Toulouse ;

1. Voir, sur ce domaine, le très complet « Que sais-je ? » nº 3537 de Charles Diaz.

– le service central de l'identité judiciaire (SCIJ) est à l'origine de la création de la police scientifique. Il gère notamment le Fichier automatisé des empreintes digitales (FAED) ;
– le service central de documentation criminelle. Sont rattachés à ce service central le système de traitement de l'information criminelle (STIC), le service des diffusions (aux fins de recherches), le fichier central, le fichier des personnes recherchées (FPR) et le fichier des véhicules volés (FVV).

Cette sous-direction a une activité de soutien opérationnel.

*La sous-direction des liaisons extérieures.* – Elle a pour mission d'assurer la communication avec les services décentralisés (SRPJ et antennes). Elle est structurée en quatre divisions :

– la division des relations internationales tient lieu de bureau central national français pour Interpol. Elle abrite le système d'information Schengen et Europol ;
– la division des études et de la prospective ;
– la division du contrôle technique (audits et contrôles internes) ;
– la division de la formation et de la communication.

*Les services régionaux de police judiciaire (SRPJ).* – Les SRPJ assurent la présence de la DCPJ sur tout le territoire national. Au nombre de 19, les SRPJ ont une compétence territoriale qui englobe le ressort d'une ou plusieurs cours d'appel. Leur sont adjointes des antennes ou détachements de police judiciaire, dont certains sont de véritables SRPJ (Nice).

Structurés en divisions ou sections, selon l'importance du SRPJ, ils ont la plénitude des compétences d'attribution de la DCPJ. L'on trouve dans chacun d'entre eux une division criminelle (GRB et BRI), une division financière (SEF), une division technique (identité judiciaire) et parfois des services spécifiquement créés comme les brigades régionales d'enquêtes et de coordination (BREC).

Direction spécialisée, la direction centrale de la police judiciaire n'ignore pas les évolutions de la criminalité. Elle est amenée sur des matières très ciblées (terrorisme) à travailler avec les directions en charge de la mission de renseignement. En raison de son appellation, la DCPJ est convoitée par la chancellerie et le corps judiciaire qui souhaitent en assurer le contrôle direct alors qu'elle est en réalité une police criminelle. Cette prétention ne semble pas tenir compte du paradoxe que l'essentiel de la mission de police judiciaire, soit plus de 95 % des affaires, est assuré par d'autres services.

**La Direction centrale des renseignements généraux (DCRG).** – Le décret du 16 janvier 1995 porte création de la direction centrale des renseignements généraux dont les missions sont de rechercher et de centraliser des renseignements d'ordre politique, économique, social, destinés à informer le gouvernement ainsi que de surveiller les établissements de jeux et les champs de courses. La mission de surveillance de l'activité interne des partis politiques a été officiellement supprimée par la circulaire du 3 janvier 1995.

Souvent vilipendés par l'opposition parlementaire, puis conservés dès lors que celle-ci devenait majoritaire, les RG ont connu quelques scandales majeurs, mais aussi des succès considérables dans le cadre de leurs missions de surveillance en « milieu fermé » (terrorisme, sectes, mouvements extrémistes, etc.).

La DCRG est structurée en sous-directions et dispose de services territoriaux.

*La direction centrale.* – Elle est composée de quatre sous-directions :

– la sous-direction de la recherche regroupe une division de l'analyse en relation avec tous les services territoriaux comprenant les sections « contestations et violences », « liaisons extérieures », « étrangers », « DOM-TOM », et une division opérationnelle comprenant les sections « opérationnelles et recherches spécialisées », « traitement du renseignement » et celle de la logistique ;
– la sous-direction de la prospective regroupe une division faits de société (avec la section « villes et banlieues », la section « analyse sociale », la section « communication » et la section « analyse et prospective ») et une division recherche financière ;
– la sous-direction des courses et jeux est divisée en 5 sections (surveillance des casinos et cercles, études et contrôle, courses, judiciaire et formation-documentation) ;
– la sous-direction des ressources et méthodes regroupe la section des ressources humaines et la section études-organisation-formation.

*Les services territoriaux.* – Les renseignements généraux sont à la fois départementaux et régionaux. Il faut noter le particularisme de la préfecture de police de Paris, laquelle dispose de sa propre direction des renseignements généraux qui a compétence et autorité en petite couronne parisienne, alors que les trois directions départementales des Hauts-de-Seine, du Val-de-Marne et de Seine-Saint-Denis dépendent pour gestion de la DCRG.

L'échelon de base reste le département, dont le chef-lieu abrite la DDRG. Certaines directions départementales importantes disposent d'un ou plusieurs services d'arrondissement.

Cette direction centrale a engagé depuis une décennie une action de modernisation qui l'a conduite à recentrer ses missions sur des objectifs que l'actualité lui a désignés. C'est ainsi que Lucienne Bui-Trong, commissaire de police affectée en centrale, a initié un projet concernant le domaine des violences urbaines et la surveillance des cités sensibles.

**La Direction de la surveillance du territoire (DST). –** Autre direction centrale à s'occuper d'une mission de renseignement, la DST, créée au lendemain de la seconde guerre mondiale, est la plus mystérieuse. Cela est probablement dû au fait que ses structures (et donc ses missions précises) sont couvertes par le secret défense. La DST a compétence pour rechercher et prévenir sur le territoire national les activités de nature à menacer la sécurité du pays. Elle a, de ce fait, une compétence très marquée en matière de lutte contre le terrorisme provenant de l'extérieur de nos frontières.

Elle a gardé la police des communications radio-électriques et a développé une mission de protection du patrimoine économique, industriel et commercial de la France. Fortement centralisée, la DST dispose cependant de services territoriaux (secteurs) implantés dans les régions les plus sensibles.

Les fonctionnaires doivent tous être habilités (secret défense) pour servir en son sein, et ses officiers de police judiciaire ont une compétence territoriale nationale.

**La Direction centrale de la police aux frontières (DCPAF).** – La DCPAF prend l'appellation de Direction centrale de la police aux frontières le 29 janvier 1999. Elle est organisée en sous-directions et services extérieurs.

*La direction centrale.* – Divisée en quatre sous-directions, la DCPAF dispose d'un office central :

- la sous-direction des affaires juridiques et internationales (réglementation, affaires européennes, affaires internationales, police aéronautique) ;
- la sous-direction des ressources (personnels, formation, logistique, informatique, transmissions et finances) ;
- la sous-direction de la lutte contre l'immigration irrégulière (éloignement et fraude documentaire). L'office central pour la répression de l'immigration et l'emploi d'étrangers sans titre (OCRIEST) est chargé de rechercher, mettre au jour et démanteler les filières d'immigration irrégulière et les filières d'emplois de clandestins ;
- la sous-direction de l'animation des services déconcentrés et de la prospective (frontières terrestres, maritimes et aériennes, organisation et prospective). Elle a autorité sur la brigade des chemins de fer qui lui est rattachée.

Un état-major assiste le directeur central. Une salle d'information et de commandement lui est rattachée ainsi que l'unité nationale d'escorte, de soutien et d'intervention (UNESI) en charge des reconduites des étrangers vers leur pays d'origine.

*Les services territoriaux.* – Le décret du 29 janvier 1999 n'a rien changé à l'organisation des services extérieurs de la PAF qui présentent la particularité d'avoir une assise territoriale différente de celles (département, région) des autres directions actives de la DGPN.

Les directions interrégionales sont calquées en réalité sur les compétences des zones de défense. L'échelon de base reste cependant la direction départementale.

Dans les départements dépourvus de frontières (maritimes, aériennes ou terrestres) et où il n'existe pas d'implantation de service de la PAF, la lutte contre l'immigration irrégulière et la répression de l'emploi de clandestins sont laissées à la compétence des services extérieurs de la DCSP.

Compétente en matière d'accidents d'aéronefs et de trains, spécialiste de la falsification des titres de séjour et des documents attestant l'identité, la PAF est amenée aussi à participer à la lutte contre les terrorismes d'origine étrangère ou nationale.

**Le Service central des compagnies républicaines de sécurité (SCCRS).** – C'est en 1985 que le service central des CRS obtiendra son autonomie en étant rattaché directement au directeur général de la Police nationale (arrêté du 13 mai 1985).

Les CRS peuvent être employées sur des missions de sécurisation. Elles peuvent servir à des missions d'encadrement de manifestations ludiques, festives ou sportives, et elles ont la responsabilité de la police de la circulation sur les axes routiers ou autoroutiers sur lesquels elles sont implantées.

*L'échelon central.* – Il est structuré en bureaux :
– le bureau de l'emploi opérationnel chargé de l'emploi et de la répartition des compagnies ;
– le bureau des personnels ;
– le bureau des affaires générales ;
– le bureau de circulation et des missions de secours (notamment en montagne) ;
– le bureau de la formation ;
– le bureau de l'informatique et des transmissions ;
– le bureau du budget, de l'équipement et des affaires immobilières.

À noter : la présence, auprès du chef du service central, d'une inspection technique chargée des audits de fonctionnement.

*Les groupements.* – Au nombre de neuf, ils sont, comme les services interrégionaux de la PAF, implantés au siège des zones de défense[1] et sont chargés de gérer les 61 compagnies réparties sur le territoire national. Trois délégations pour l'outre-mer ont été créées (en Guadeloupe pour les Antilles et la Guyane, à La Réunion et en Nouvelle-Calédonie).

Les groupements sont divisés en bureaux et les compagnies en sections, dont une section motocycliste.

*Fidélisation et emploi.* – La doctrine d'emploi des compagnies républicaines de sécurité a été modifiée afin de s'inscrire dans la police de proximité. À cette fin a été imaginé un dispositif de fidélisation des compagnies et escadrons de gendarmerie mobile implantés à proximité ou dans les villes concernées par cette

1. La réforme des zones de défense réduites à 7 influera sur ce dispositif.

réforme. En rupture avec la nature particulière de ces unités (les CRS sont des unités mobiles comme les escadrons de gendarmerie mobile) et avec la culture opérationnelle qui est la leur (elles opèrent en unité constituée), cette évolution est encore en cours d'évaluation afin de connaître son niveau d'efficacité réelle.

Le rapport interministériel Nouailles-Degorce, Sarrans, Capdepont, Dugléry (Défense-Intérieur) de juillet 1998 indique, outre un manque de fiabilité des données, que les unités mobiles ne seraient employées qu'à moins de 25 % de leurs capacités sur leurs missions génériques.

Elles sont utilisées à plus de 52 % pour des missions de sécurisation dans les quartiers, de gardes statiques, de transferts ou de protection des services judiciaires, de renforts à la DCPAF ou saisonniers (sur les plages notamment).

**Le Service de coopération technique international de police (SCTIP).** – Créé par le décret du 14 décembre 1961, le service de coopération technique international de police était essentiellement chargé de procurer aux États nouvellement indépendants l'assistance technique des cadres de la police française. Huit implantations dans les États au sud du Sahara et en république Malgache traduisaient la volonté d'apporter les moyens nécessaires à la création de structures de police pérennes. Un arrêté du 1er septembre 1994 définit l'organisation des structures du SCTIP et crée trois sous-directions chargées des missions, des moyens et de la coopération.

Sa mission est la mise en œuvre de la politique étrangère de la France pour ce qui concerne la sécurité intérieure. Pour ce faire, le SCTIP est amené à entretenir et développer des actions de partenariat avec les polices étrangères, à « exporter » notre modèle institutionnel, à favoriser un « retour sur actions » afin d'améliorer la détection des menaces (recueil d'information), à contribuer aux travaux sur la sécurité dans le cadre de l'Union européenne et à assurer la promotion des technologies françaises de sécurité à l'étranger.

Le statut de l'attaché de police a été créé le 9 mai 1995. Il place l'attaché de police à l'intérieur de la mission diplomatique et lui donne toutes les garanties, privilèges et immunités de la Convention de Vienne du 18 avril 1961. Il est, selon une instruction du DGPN du 30 avril 1996, « le conseiller de l'ambassadeur pour les affaires de sécurité intérieure et l'interlocuteur technique des autorités de la police locale en tant que représentant de la Police nationale française ».

Le SCTIP gère actuellement 62 délégations et couvre 91 pays.

Le SCTIP comporte un échelon central et des services déconcentrés qui sont les délégations placées auprès des ambassades ou dans des structures internationales (ONU et Union européenne).

*La direction centrale.* – Elle comprend 3 sous-directions :

– la sous-direction de la coopération technique et institutionnelle ;
– la sous-direction de l'information et de la communication ;
– la sous-direction de l'administration générale et des finances.

*Les délégations.* – Dirigées par un attaché de police, elles peuvent avoir une compétence régionale (la délégation du Salvador couvre aussi le Guatemala, le Panama, le Nicaragua, le Honduras et le Costa Rica).

**Le Service de la protection des hautes personnalités (SPHP).** – Service peu connu en raison de la spécificité de ses missions, le Service de la protection des hautes personnalités a succédé le 19 octobre 1994 au Service central des voyages officiels et de la sécurité des hautes personnalités (communément appelé VO). Il a pour mission d'assurer la protection des hautes personnalités françaises et étrangères lors de leurs déplacements sur le territoire national.

Peuvent bénéficier d'une telle protection : le Premier ministre, le ministre de l'Intérieur, le ministre de la Défense et le ministre des Affaires étrangères. Quant aux personnalités étrangères, il ne peut s'agir que des chefs d'État et des chefs de gouvernement étant entendu que les membres des services de sécurité étrangers les accompagnant assurent leur mission sous le contrôle du SPHP. Le SPHP prend également en charge la sécurité du secrétaire général du Conseil de l'Europe et celle du président du Parlement européen.

Le SPHP a recouvré la mission de protection du président de la République en 1994 et de manière conjointe avec la Gendarmerie nationale, la direction de cette structure étant dévolue alternativement à un commissaire de police et à un officier de gendarmerie.

À l'image de nombreux autres services du même type dans le monde (comme le « Secret Service » aux États-Unis), le SPHP n'est pas chargé uniquement de la protection des personnalités mais aussi de l'organisation de leurs déplacements tant sur le territoire national qu'à l'étranger. Ainsi, lorsque le président de la République ou le Premier ministre effectue un

déplacement, le SPHP prépare son organisation matérielle (garde intérieure des moyens de transport du
chef de délégation, reconnaissance des itinéraires,
hébergement des accompagnateurs, location des
véhicules, articulation des différents dispositifs avec
les polices locales, etc.) tout en étant chargé de la protection de la personnalité lors de l'événement. Il en est
de même lors du déplacement d'une personnalité
étrangère sur le sol français. Les services locaux (sécurité publique et renseignements généraux) concourent,
dans leur domaine respectif, au bon déroulement et à
la sécurité du dispositif sous l'autorité du préfet local.
Pour ce faire, un chef de mission (un commissaire de
police) est désigné pour assister l'autorité locale.

Le SPHP est organisé en trois sous-directions :

– la sous-direction de la sécurité des hautes personnalités ;
– la sous-direction des personnalités étrangères à
laquelle est rattachée l'antenne Europe de Strasbourg ;
– la sous-direction de la gestion opérationnelle.

**La Préfecture de police à Paris (PP).** – Le statut du
préfet de police à Paris est unique. Détenteur des pouvoirs de police habituellement dévolus aux maires de
toutes les autres villes françaises, investi d'un pouvoir
réglementaire très large, responsable de l'ordre public
dans la capitale, il cumule de nombreuses fonctions en
étant en outre le préfet de la zone de défense de Paris.
Cette dernière fonction lui donne autorité pour les
domaines relevant de la défense civile sur les préfets
des départements de l'Île-de-France. Il a autorité sur
le SGAP de Paris qui couvre les départements de la
petite couronne parisienne.

Le préfet de police exerce ses fonctions sous l'autorité directe des ministres pour ce qui concerne les domaines dépendant de leurs attributions. Pour assumer cette compétence, il dispose des services préfectoraux *ad hoc* (direction de la police générale, direction de la circulation, des transports et du commerce, direction de la protection du public). Son rôle « politique » est sans commune mesure avec sa situation administrative et quelques « grands préfets » sont restés dans la mémoire collective (Louis Lépine, Célestin Hennion, Maurice Grimaud, Philippe Massoni) ou ont marqué de leur empreinte la mutation de la PP.

Supposée plus résistante au changement que d'autres structures relevant du ministère de l'Intérieur, la préfecture de police a entamé, début 1999, une des plus importantes réformes engagées dans la Police nationale depuis les années 1960 et apparaît comme un élément précurseur de la modernisation du service public de la sécurité.

L'arrêté du 12 janvier 1999, porte création des nouvelles Directions de la police urbaine de proximité (DPUP) et de l'ordre public et de la circulation (DOPC), nées de la restructuration des directions de la sécurité publique (qui disparaît) et de la police judiciaire (qui perd ses éléments de base : les commissariats de quartiers).

*La direction de l'ordre public et de la circulation (DOPC).* – Chargée du maintien de l'ordre public et de la mise en œuvre des dispositifs de police à l'occasion des événements revendicatifs, festifs, commémoratifs et officiels qui se déroulent dans la capitale, elle a aussi pour mission d'assurer la protection des institutions de la République et de prendre les mesures concernant la circulation.

La DOPC dispose de :

- la sous-direction de la circulation ;
- la sous-direction de l'ordre public composée de l'état-major, de la cellule des surveillances et du plan de protection et du service des unités de garde et de surveillance (regroupant l'unité des gardes permanentes, l'unité de garde des retenus et détenus – notamment salle Cusco à l'Hôtel-Dieu – et la compagnie de surveillance et de protection) ;
- la sous-direction de l'administration et des moyens.

Ces trois sous-directions peuvent s'appuyer sur 3 districts dotés d'effectifs spécifiques (compagnies de district) :

- le 1er district (1er, 2e, 8e, 9e, 16e et 17e arrondissements) ;
- le 2e district (3e, 4e, 10e, 11e, 12e, 18e, 19e et 20e arrondissements) ;
- le 3e district (5e, 6e, 7e, 13e, 14e et 15e arrondissements).

*La direction de la police urbaine de proximité (DPUP).* Basée sur les principes de territorialité des services, de polyvalence des agents et de permanence du service public, la nouvelle organisation a été inspirée par un concept d'origine provinciale : la circonscription de police recouvrant à l'identique l'arrondissement sur lequel elle est implantée. Les commissariats centraux d'arrondissements sont couverts par des secteurs regroupant chacun trois ou quatre arrondissements.

La DPUP dispose de trois sous-directions :

- la sous-direction de la police territoriale ;
- la sous-direction des services spécialisés (brigades

anti-criminalité de nuit et service de protection et de surveillance des réseaux ferrés parisiens) ;
– la sous-direction des ressources humaines.

La DPUP s'appuie sur 6 secteurs territoriaux :
– le 1er secteur (8e, 16e et 17e arrondissements) ;
– le 2e secteur (1er, 2e et 9e arrondissements) ;
– le 3e secteur (10e, 18e et 19e arrondissements) ;
– le 4e secteur (3e, 4e, 11e, 12e et 20e arrondissements) ;
– le 5e secteur (13e, 5e et 6e arrondissements) ;
– le 6e secteur (7e, 14e et 15e arrondissements).

Le commissariat central d'arrondissement est composé du service de la police de quartier (comprenant notamment une unité des mineurs, une unité de police administrative et judiciaire, une unité de police de quartier et une unité d'îlotiers), du service de l'accueil, de la recherche et de l'investigation judiciaire (chargé du recueil des plaintes, des enquêtes judiciaires pour lesquelles elle dispose d'un service de police scientifique de proximité et d'une BAC) et du service de la voie publique (chargé principalement des missions du service général, des missions de police secours, etc.).
Les commissariats sont ouverts 24 heures sur 24.

*La direction de la police judiciaire (DPJ).* – Elle a perdu les commissariats de quartier qui étaient placés sous son autorité. Avant la réforme, la direction de la police judiciaire traitait toutes les affaires judiciaires (quel que soit le niveau d'importance qu'elles revêtaient) par le truchement de ses services territoriaux (quartiers, divisions et services départementaux de police judiciaire de la petite couronne) ou centraux (brigades centrales, cabinets de délégations).

Elle est chargée, à Paris et dans les départements de la petite couronne parisienne, de la lutte contre la criminalité et la délinquance organisées, de la mise en œuvre des moyens de la police technique et scientifique ainsi que des fichiers et outils informatiques de documentation, et, dans la capitale *intra-muros,* de missions de police administrative découlant des attributions du préfet de police. Cela s'est traduit par une contraction des services territoriaux (3 divisions de police au lieu de 6) et une définition nouvelle de ses compétences.

Comprenant un état-major chargé des liaisons avec la DPUP et la Direction centrale de la police judiciaire (elle est une direction régionale de la DCPJ) et avec les différents services avec qui elle entretient des rapports au quotidien (les DDSP de la petite couronne, par exemple), elle s'appuie sur quatre sous-directions :

– la sous-direction des affaires économiques et financières ;
– la sous-direction des brigades centrales qui regroupe les brigades du « 36, quai des Orfèvres » : la brigade criminelle, la brigade de répression du banditisme, la brigade des stupéfiants, la brigade de répression du proxénétisme, la brigade de recherche et d'intervention et la brigade de protection des mineurs ;
– la sous-direction des services territoriaux qui supervise les divisions et les services départementaux de police judiciaire (SDPJ) compétents dans les Hauts-de-Seine, la Seine-Saint-Denis et le Val-de-Marne ;
– la sous-direction des ressources humaines et de la logistique (personnels, formation, de l'immobilier, laboratoire de police scientifique, service de l'identité judiciaire et service de l'informatique).

*La direction des renseignements généraux.* – Elle est une direction régionale rattachée à la DCRG. Elle n'est compétente que sur le territoire de la petite couronne dans le cadre de sa mission de répression de l'immigration clandestine.

Les RGPP n'ont aucune compétence dans le domaine des jeux. Cette mission est assurée par la DCRG.

La direction est structurée en quatre sous-directions :

– la sous-direction de l'information générale (prévision, suivi et analyse des phénomènes sociaux, suivi de la vie locale et des phénomènes de société, communication) ;
– la sous-direction de la violence et du terrorisme (milieux extrémistes, terrorisme et violences urbaines) ;
– la sous-direction des communautés étrangères (immigration, intégrismes et travail clandestin) ;
– la sous-direction des ressources (personnels, matériel, moyens, immobilier et documentation).

*La direction de la logistique.* – La direction de la logistique assure le soutien opérationnel des directions de la préfecture de police et des services de police implantés dans le ressort du SGAP de Paris. Elle exerce des missions de police judiciaire et administrative au titre de la police des voies d'eau et de la police de l'air. Elle met en œuvre les systèmes de transmission de l'information (images et données informatisées compris).

Elle est organisée en deux sous-directions :

– la sous-direction du soutien opérationnel et logistique (études et programmes, transports et parcs automobiles, moyens techniques et spécifiques, brigade fluviale et la base air de Paris) ;

– la sous-direction de l'informatique et des communications (études et prospective, équipement, exploitation des systèmes et réseaux).

Cette direction est une spécificité parisienne.
En 2001, le budget de la préfecture de police atteignait
plus de 9,6 milliards de francs dont 1,2 milliard versé
par la ville de Paris.

Elle disposait d'un peu moins de 4 000 véhicules de
tous types, de 1 hélicoptère, de 4 vedettes fluviales et de
2 remorques-pousseurs. Elle dispose de bâtiments. Elle
dispose de 182 équipements de vidéosurveillance et près
de 1 100 équipements sont reliés par télésurveillance.

Les services de la préfecture de police ont géré
453 671 appels sur le « 17 » et plus de 7 000 manifestations ou visites officielles.

Elle s'occupe également de 679 points écoles, contrôle 14 900 taxis et a délivré 9 108 326 contraventions.

Les effectifs qui sont affectés à la préfecture de
police de Paris (comme ceux des directions de la DGPN)
appartiennent à des corps de fonctionnaires regroupés
en deux catégories (actifs et administratifs) et soumis à
des statuts qui régissent leur fonctionnement.

### Activité judiciaire de la PN

En 2001, les services de la Police nationale ont
constaté 2 973 207 crimes et délits. Ils en ont élu-
cidé 662 149, ce qui représente un taux de 22,27 %.

Les enquêtes menées ont nécessité 279 251 mesures
de garde à vue dont 15,27 % ont dépassé vingt-quatre
heures.

Les services de police ont mis en cause dans leur
activité judiciaire 595 174 personnes dont 38 781 ont

été écrouées. La part des personnes mises en cause par la Police nationale représente 71,21 % du total des mis en cause en France tandis que celle des personnes écrouées s'élève à près de 77 %. La part des mineurs dans le total des personnes mises en cause par les services de la Police nationale atteint 21,81 %.

## Ressources humaines

Les fonctionnaires affectés à la Police nationale se divisent en deux catégories de corps aux statuts sensiblement différents : actifs et administratifs. Les premiers sont soumis à un statut spécial, les seconds sont régis par le statut général de la fonction publique. Chaque corps possède un statut particulier en plus du statut spécial ou du statut général. Le nombre des corps a évolué sans cesse au gré des réformes.

**Les corps actifs.** – Le statut spécial des corps actifs de la Police nationale (commissaires, officiers, gradés et gardiens de la paix) a vu le jour au lendemain de la Libération. Ce statut spécial retire le droit de grève aux policiers. Cette disposition s'accompagne d'un classement « hors catégorie » générateur de dispositions essentiellement indemnitaires et d'un régime de retraite spécial (âge de départ avancé et bonifications d'annuités supplémentaires). La loi du 28 septembre 1948, en posant le principe d'une obligation de service permanente, donne un caractère spécifique à la mission générale des policiers. Ils bénéficient du droit syndical. Le décret du 9 mai 1995, portant le statut rénové des corps actifs, confirme les principes de la loi de 1948.

Il prévoit que tous les fonctionnaires appartenant à des corps actifs assurent leurs missions en uniforme.

Le statut spécial est complété par des statuts particuliers s'appliquant à chacun des corps de fonctionnaires actifs :

– le corps de conception et de direction : les commissaires de police ;
– le corps d'encadrement et de commandement : les officiers de police ;
– le corps de maîtrise et d'application : les gradés et gardiens de la paix.

| Corps | HF | Effectifs | | | |
|-------|-----|-----------|----------|----------|---------|
| | | Commissaires | Officiers | Gardiens | Total |
| 1999 | 89 | 1 978 | 16 495 | 95 806 | 114 538 |
| 2002 | 87 | 1 939 | 15 809 | 100 426 | 118 261 |

*Le corps de conception et de direction.* – En 1996, le 1 200ᵉ anniversaire des fonctions de commissaire de police a été célébré pour rappeler qu'elles sont issues de la création des *missi discussores* que l'on doit à Clotaire II au VIIᵉ siècle. L'appellation de « commissaire de police » apparaît pour la première fois dans un édit royal signé de Louis XIV. La Révolution les consacre en les faisant élire. Ce mode de désignation est très vite abandonné au profit de la nomination par l'État central, y compris lorsque la police redevient municipale en 1884.

Le décret du 9 mai 1996 a profondément remanié leur statut. Les commissaires de police assurent les fonctions de conception et de direction des services de la Police nationale. Ils en assument la responsabilité opérationnelle et organique. Ils ont autorité sur l'ensemble des personnels affectés dans les services. Ils exercent les attributions de magistrat prévues par la loi (ils sont officiers du ministère public). Ils portent l'écharpe tricolore, symbole de l'autorité civile, chaque fois que leurs fonctions le requièrent.

Recrutés par voie du concours extérieur à raison de 60 % (niveau maîtrise ou Bac + 4), du concours intérieur à raison de 30 % (ouvert aux fonctionnaires de police disposant de quatre années de services effectifs dans leur corps d'origine) et de la sélection (promotion interne) des commandants de police à raison de 10 % du recrutement annuel, les élèves suivent une formation de deux années dont une à l'ENSP. À l'issue de cette formation, les commissaires de police sont nommés par décret du président de la République dans un premier emploi qu'ils doivent occuper pendant une durée minimale de deux ans. Il est de tradition qu'ils soient affectés en sécurité publique.

La carrière de commissaire comporte trois grades : commissaire de police, commissaire principal et commissaire divisionnaire. Le dernier grade comporte un échelon fonctionnel dont l'attribution obéit aux mêmes règles que le franchissement de grade. L'accès aux emplois de contrôleur général, d'inspecteur général et de directeur des services actifs de la préfecture de police est à la discrétion du ministre de l'Intérieur. Ils sont réservés au corps des commissaires de police.

La nomination des directeurs des services actifs (en administration centrale) de la DGPN appartient au Conseil des ministres ; les commissaires de police sont alors en concurrence avec les membres d'autres corps (préfets, conseillers d'État, par exemple). L'avancement, comme les mutations, s'opèrent au choix après consultation de la commission administrative paritaire qui émet un avis qui ne lie pas l'administration.

Ils peuvent être mis en position de détachement (dans un autre corps), de mise à disposition (auprès d'une administration) ou de disponibilité pour convenances personnelles.

Ces dispositions justifient l'organisation d'une passerelle qui permet le détachement dans le corps de conception et de direction de fonctionnaires de catégorie A.

La LOPS, par reformatage des corps et carrières, a prévu une réduction forte du nombre de commissaires. Il est ainsi prévu de ramener les commissaires de police de 2 200 à 1 600 et les officiers de police de 19 000 à 12 000 à l'horizon 2005. Sachant que ces deux corps constituent l'essentiel des officiers de police judiciaire, il a été décidé d'attribuer la qualification d'OPJ aux agents de maîtrise et d'application (gradés et gardiens de la paix). Les difficultés affectant la définition de cette mesure sont à l'origine d'un retard important concernant sa mise en œuvre, lequel génère des difficultés dans le domaine opérationnel.

Un certain nombre de circonscriptions de sécurité publique et de directions départementales sont désormais dirigées par des officiers ou restent sans direction par manque d'effectifs.

| Grades | Effectifs | | | | | |
|---|---|---|---|---|---|---|
| | C. | C. principaux | C. division-naires | C. division-naires fonc-tionnels | HF | Total |
| 1999 | 720 | 719 | 350 | 189 | 89 | 2 067 |
| 2002 | 707 | 685 | 357 | 190 | 87 | 2 026 |

Cette décision à caractère essentiellement comptable ne manque pas de provoquer des interrogations sur la capacité de la Police nationale à conserver un management de qualité au moment où se met en place la police de proximité.

*Le corps d'encadrement et de commandement.* – Le nouveau corps des officiers de police est né de la fusion du corps des officiers de paix et de celui des inspecteurs de police. Voulue par la LOPS, cette mesure a pour objectif de mettre un terme à la gestion « par filière ».

Les officiers de police « secondent et suppléent les commissaires de police dans l'exercice de leurs fonctions hormis les cas où la loi prescrit la compétence exclusive du commissaire de police ». Ils assurent le commandement des fonctionnaires du corps de maîtrise et d'application (gradés et gardiens de la paix de la Police nationale). Ils peuvent être chargés d'enquêtes et de missions opérationnelles à caractère judiciaire ou administratif. Outre la discipline et la formation, ils peuvent être chargés de missions ou de commandements particuliers qui leur confèrent alors autorité sur l'ensemble des personnels affectés dans les services. Ils ont droit au port de l'écharpe tricolore et sont dotés d'une tenue d'uniforme.

Les officiers de police sont recrutés à raison de 60 % par la voie du concours externe (niveau Bac + 2), du concours interne à raison de 30 % (pour les fonctionnaires de la Police nationale comptant quatre années de services effectifs) et par la sélection au choix (des brigadiers-majors justifiant d'au moins vingt années de services effectifs dans leur corps d'origine) pour 10 % du recrutement annuel. Une disposition particulière permet aux candidats déclarés admissibles au concours de commissaire de police d'être recrutés en qualité de lieutenant dans la limite de 10 % des postes pourvus par concours.

À l'issue d'une formation de dix-huit mois à l'École nationale supérieure des officiers de police (ENSOP) de Cannes-Écluses, les officiers sont nommés dans leur premier poste, qu'ils doivent occuper pendant une durée minimale de deux ans, par arrêté du ministre de l'Intérieur.

La carrière d'officier de police comprend trois grades : lieutenant, capitaine et commandant. A été créé un emploi fonctionnel de commandant qui est assujetti à des conditions d'affectation strictes (le bénéficiaire est privé de son bénéfice lorsqu'il quitte l'emploi qui justifie son attribution). L'avancement est subordonné à des conditions statutaires (ancienneté notamment) et à une sélection opérée au choix après avis de la commission administrative paritaire compétente.

Des dispositions particulières permettent le détachement, la mise à disposition et en disponibilité.

Des officiers dirigent désormais 121 circonscriptions de sécurité publique, 10 directions départementales des renseignements généraux et 11 directions départementales de la police aux frontières.

| Grades | Effectifs | | | | |
|--------|-----------|--|--|--|--|
| | Lieute-nants | Capi-taines | Comman-dants | Cdts, emploi fonctionnel | Total |
| 1999 | 7 282 | 4 661 | 3 982 | 660 | 16 495 |
| 2002 | 7 120 | 4 520 | 3 332 | 837 | 15 809 |

*Le corps de maîtrise et d'application.* – En réunissant les corps des gardiens de la paix et des gradés de la Police nationale (brigadiers et brigadiers-chefs) avec celui des enquêteurs, la LOPS crée le corps de maîtrise et d'application. L'appellation de « gardien de la paix » remonte à 1848 et remplace celle de « sergent de ville ». Le grade et l'appellation de brigadier apparaissent peu de temps après. La loi de 1884 mentionnera pour la première fois l'expression « agent de police » dans son acception usuelle. Le corps des enquêteurs est plus récent et trouve son origine dans un recrutement contractuel et spécial (décret du 26 décembre 1986). Appartenant à la filière civile, il a répondu au besoin d'un corps d'agent de police judiciaire spécifique. Il a compté jusqu'à 4 800 fonctionnaires.

Chargés de l'exécution de missions de police générale, tant judiciaires (recueil des plaintes, enquêtes, interpellations, etc.) qu'administratives (prévention, circulation et maintien de l'ordre public), les gradés et gardiens sont en outre désignés pour assurer l'encadrement des policiers auxiliaires et des adjoints de sécurité.

Ils sont recrutés par voie de concours sans condition particulière de diplôme. Ils suivent une formation (en école et durant un stage pratique) d'une année à l'issue de laquelle ils sont nommés par arrêté du ministre de l'Intérieur et, sous réserve de remplir les conditions, bénéficient d'un baccalauréat professionnel.

Ils sont affectés pour un minimum de deux ans dans leur premier poste.

La carrière se compose des grades de gardien de la paix, de brigadier et de brigadier-major de police. La promotion de grade obéit à des conditions statutaires (ancienneté et mobilité) et aux règles du choix après avis de la commission administrative paritaire. La qualification d'officier de police judiciaire peut être conférée à certains de ses membres à la condition que l'emploi occupé le justifie et après formation et examen spécifiques.

| Grades | Effectifs | | | |
|--------|-----------|--|--|--|
| | Gardiens | Brigadiers | Brigadiers-majors | Total |
| 1999 | 77 860 | 15 439 | 2 507 | 95 806 |
| 2002 | 82 454 | 15 368 | 2 604 | 100 426 |

À ces effectifs peuvent être adjoints deux autres groupes qui ne sont pas des corps à proprement parler : les policiers auxiliaires et les adjoints de sécurité.

*Les policiers auxiliaires (PA)*. – À la fin de l'année 2000, ils n'étaient plus que 2 075, et 580 au 1er juin 2001. Fournie par les appelés du contingent, cette catégorie de policiers a disparu en 2002. Volontaire pour la Police nationale et assujetti aux règles du service national, le policier auxiliaire assistait les fonctionnaires de police dans des tâches de sécurité publique (accueil, îlotage, circulation, etc.). Ses compétences de police judiciaire et administrative étaient limitées au maximum. La sélection parmi les appelés s'opérait à l'aide de tests. Deux grades (gardien de la paix auxiliaire et sous-brigadier auxiliaire) distinguaient les policiers auxiliaires au cours de leur service national. Des concours exceptionnels ont permis à beaucoup d'entre eux de rejoindre les effectifs de gardiens de la paix en réduisant leur période de formation initiale. D'autres ont choisi de signer un contrat comme adjoints de sécurité.

*Les adjoints de sécurité (ADS).* – La loi du 16 octobre 1997 relative au développement des activités pour l'emploi des jeunes a créé (art. 10) l'adjoint de sécurité dans le but de satisfaire, outre les objectifs de lutte contre le chômage des jeunes, des attentes de sécurité non couvertes. C'est donc un dispositif visant à la fois à procurer des emplois et à développer des méthodes nouvelles de lutte contre l'insécurité.

Le recrutement des ADS a été subordonné, dans une majorité de cas, à la signature d'un contrat local de sécurité, encore que cette condition ne soit pas considérée comme exclusive. Les conditions d'accès sont liées à la nationalité (française), à l'âge (plus de 18 ans et moins de 26), à l'aptitude physique, à l'absence de condamnation mentionnée au casier judiciaire (bulletin n° 2) et au fait d'être en position régulière au regard du service national. Aucun niveau de diplôme n'est requis.

Après recrutement, l'ADS est placé en position contractuelle vis-à-vis de l'État. Il suit une formation de huit semaines en école de police (initialement n'était prévue qu'une formation de six semaines) qui est complétée par un stage de deux semaines en service. L'ADS est amené à suivre une formation continue tout au long de sa carrière contractuelle. Il est assujetti au tutorat exercé par un policier expérimenté.

L'ADS porte un uniforme, une arme, est soumis aux mêmes obligations et bénéficie des mêmes protections juridiques que les fonctionnaires de police. N'étant pas soumis au statut spécial, il dispose du droit de grève.

Le contrat d'engagement est de cinq ans maximum et peut servir de support à plusieurs recrutements.

Le régime d'emploi est cependant limité car l'ADS ne peut être employé à des missions de police judiciaire et à des opérations de maintien ou de rétablissement de l'ordre public.

Le ministère disposait de 20 000 postes d'adjoints de sécurité mais ne compte en réalité que 14 278 titulaires au 1er avril 2002. Il a ouvert des concours spéciaux d'intégration dans la Police nationale similaires à ceux organisés pour les policiers auxiliaires (plus de 7 200 ont été ainsi intégrés). Des difficultés locales de recrutement ont provoqué des abaissements de certains critères de sélection. L'amélioration de la situation économique générale comme de la concurrence (recrutement de gendarmes adjoints, professionnalisation des armées...) provoque une baisse sensible des candidatures sur ces emplois comme pour ceux de gardiens de la paix et d'officiers, poussant l'administration à organiser des campagnes de communication inédites. Plus de 1 000 ADS ont été licenciés depuis 1998 et plus de 11 000 départs ont été enregistrés sur 27 400 recrutements ; le taux de départ est ainsi supérieur à 40 %.

*Les horaires.* – La Police nationale impose à ses agents des régimes horaires hebdomadaires ou par cycles.

Le régime hebdomadaire oblige le policier des corps actifs qui y est assujetti à accomplir quarante heures trente par semaine. L'administration octroie en compensation du dépassement horaire dix jours de congés supplémentaires. En ce qui concerne les corps administratifs, les agents peuvent être soumis à un régime horaire respectant la semaine de trente-neuf heures ou au régime hebdomadaire des corps actifs et récupèrent alors comme eux. Un fonctionnaire de police, actif ou administratif, travaille environ 1 700 heures par an lorsqu'il est astreint à un régime hebdomadaire.

Le régime par cycle horaire est imposé par l'obligation de fonctionner jour et nuit, y compris en fin de semaine et les jours fériés. Il existe un nombre important de cycles. L'inconvénient majeur est qu'ils sont peu économes en heures fonctionnaires lorsqu'ils couvrent des plages horaires inusitées (nuit, dimanche et jours fériés). Cela explique qu'en données brutes un agent travaille 1 300 à 1 450 heures environ par an selon le cycle. Un cycle est défini par un ratio entre les jours de travail et les jours de repos, le 3/2 étant le cycle faisant succéder 2 jours de repos à 3 jours de travail. Le 4/2, jugé plus rentable, a été vulgarisé en 1996. Par ailleurs, les dépassements horaires sont gérés selon les règles du temps compensé qui permettent aux fonctionnaires de récupérer 100 % à 150 % du temps passé après la limite horaire selon le jour de la semaine ou l'heure.

Outre les problèmes que ne manque pas de poser le passage aux trente-cinq heures dans la fonction publique, la gestion du volume considérable d'heures supplémentaires non récupérées (plus de 6,8 millions d'heures pour la seule DCSP) pose clairement la question du passage de la Police nationale vers une politique moderne de ressources humaines. Le paiement des heures et leur limitation à un volume raisonnable devrait permettre une meilleure visibilité de l'utilisation des hommes et du respect de ceux-ci. À ce jour, seuls les personnels des CRS sont payés en heures supplémentaires (à tel point même qu'en missions de fidélisation ils ont obtenu une compensation technique horaire pour ces volumes). Une expérimentation est en cours, mais sans prise en compte du stock accumulé.

*Le coût humain de l'action de police.* – Le coût des opérations de police au plan humain s'élève fortement ces dernières années. Si en 1996 la police nationale avait enregistré 4 décès en opération, elle en a enregistré 8 en 2001. Ce doublement, pour tragique qu'il soit, constitue en réalité une fourchette dans laquelle évoluent les chiffres d'une année sur l'autre (1 seul décès a été constaté au premier semestre 2002). En revanche plus significatifs sont les chiffres des blessés en opération. En 1996, la police nationale a eu à dénombrer 3 931 blessés, 4 548 en 1997, 3 740 en 1998, 4 118 en 1999, 4 142 en 2000, 3 528 en 2001 et 1 754 au cours du premier semestre 2002. Convertis en heures fonctionnaires perdues, ces chiffres illustrent le coût humain de l'action de police et son impact sur le moral des policiers, la marche des services, la disponibilité des effectifs et sur le potentiel de la police nationale.

*Les départs à la retraite.* – Ayant connu des périodes de recrutement d'une rare irrégularité, la Police nationale subit une saignée d'une ampleur exceptionnelle par le cumul des départs en retraite des policiers recrutés dans les années 1970 et d'une vague de départs par anticipation (les gardiens depuis 1957 et les officiers depuis 1995 peuvent partir à 50 ans au lieu de 55 et disposent d'une bonification d'un an pour cinq années de service, mais limitées à cinq fois). D'autre part, le niveau des heures à récupérer amène les policiers à stocker ces heures jusqu'à la retraite puis à la prendre en complément de l'anticipation, ce qui peut générer des difficultés importantes de remplacement : un policier partant à la retraite entre trois et six mois avant son départ administratif réel pour récupérer ces heures supplémentaires, le poste n'étant pas constaté vacant par l'administration, il ne peut être remplacé. Le flux de départs a provoqué depuis 1995 une perte importante d'effectifs compensés seulement et partiellement en 1999 par des recrutements par anticipation.

|  | Départs normaux | Départs anticipés | % anticipés |
|---|---|---|---|
| Officiers : | | | |
| 2000 | 279 | 379 | 57,59 |
| 2001 | 381 | 408 | 51,71 |
| Gardiens : | | | |
| 2000 | 1 108 | 2 729 | 71,12 |
| 2001 | 1 326 | 2 040 | 60,60 |

Selon les éléments disponibles actuellement, les projections de départs donnent :

| | Années | | | | | |
|---|---|---|---|---|---|---|
| | 2000 | 2001 | 2002 | 2003 | 2004 | 2005 |
| Officiers | 1 078 | 862 | 914 | 908 | 896 | 869 |
| Gardiens | 3 805 | 3 900 | 3 793 | 3 683 | 3 652 | 3 519 |
| Total | 4 883 | 4 762 | 4 707 | 4 591 | 4 548 | 4 388 |

**Les corps de fonctionnaires administratifs.** – Assujettis au statut général de la fonction publique d'État et à leur statut particulier, ils sont au nombre de trois :

– les attachés de police ;
– les secrétaires administratifs ;
– les adjoints administratifs et agents techniques.

*Les attachés de police.* – Créés par le décret du 2 octobre 1995, les attachés de police sont recrutés :
- par la voie des instituts régionaux d'administration (licence ou Bac + 3) ;
- par concours interne ;
- par la voie de la sélection au choix.

Ils suivent une formation d'un an, composée d'une période effectuée à l'institut de formation des attachés de police et complétée par un stage en service opérationnel ou administratif.

Le corps est classé en catégorie A de la fonction publique. La carrière comporte le grade d'attaché et celui d'attaché principal de 2$^e$ ou 1$^{re}$ classe. Des dispositions particulières régissent l'avancement et le détachement de ces fonctionnaires.

Sous l'autorité du chef de service auprès duquel ils sont affectés, ils sont chargés de remplir des tâches de gestion administrative ou financière et d'encadrement des personnels administratifs.

*Les secrétaires administratifs.* – Créés par un décret du 29 août 1973, les secrétaires administratifs de la Police nationale ont vu leur statut remanié par un décret du 18 novembre 1994. Le corps est classé en catégorie B de la fonction publique.

Ils sont recrutés :
- par voie de concours externe (baccalauréat ou diplôme assimilé) ;
- par voie de concours interne ;
- par la voie de la sélection au choix (pour un cinquième des postes à pourvoir).

La formation consiste en un stage d'une année. À l'issue du stage, les fonctionnaires sont titularisés. La carrière comporte trois grades : la classe normale, la classe supérieure et la classe exceptionnelle. Ils sont chargés, sous l'autorité des chefs et des attachés de police (lorsqu'il y en a) des services dans lesquels ils sont affectés, de tâches de gestions administratives ou financières des services et de tâches d'encadrement des personnels administratifs.

*Les adjoints administratifs.* – Personnels d'exécution classés en catégorie C de la fonction publique, les adjoints administratifs de la Police nationale disposent d'un statut porté par un décret du 31 mai 1997. Ils assurent des tâches administratives d'exécution.

*Les agents administratifs.* – Personnels interministériels mis à la disposition de la Police nationale, les agents administratifs de l'État disposent d'un statut porté par le décret du 1er août 1990 qui les place au sein de la catégorie C de la fonction publique. Ils sont chargés de tâches administratives d'exécution et peuvent suppléer les adjoints administratifs des administrations au sein desquelles ils sont affectés.

*Les personnels scientifiques.* – Les directeurs, les ingénieurs, les techniciens et les aides techniques de laboratoire constituent un ensemble spécifique consacré par un texte unique (décret du 19 février 1992) portant les trois statuts.

*Les ouvriers d'État.* – Corps multiple créé par le décret du 25 juin 1955, les ouvriers d'État sont répartis en trois catégories d'ouvriers journaliers, d'ouvriers réglementés et d'ouvriers titulaires. Seuls les derniers ont le statut de fonctionnaires et sont classés en caté-gorie C de la fonction publique. Pour prétendre au recrutement, les candidats doivent posséder le certifi-cat d'aptitude professionnelle de la spécialité profes-sionnelle concernée. Le recrutement se fait au niveau des ouvriers journaliers qui restent dans cette situa-tion pendant deux ans avant d'acquérir la qualité d'ouvriers réglementés. L'organisation des carrières se fait par passage d'échelons.

| Administratifs | Attachés | Secrétaires | Adjoints | Agents |
|---|---|---|---|---|
| Effectifs en 2002 | 242 | 1 280 | 5 491 | 1 542 |

| Scientifiques | Directeurs de laboratoire | Ingénieurs | Techni-ciens | Aides tech-niques |
|---|---|---|---|---|
| Effectifs en 2002 | 10 | 98 | 139 | 405 |

| Techniques | Agents de service | Ouvriers | Contrac-tuels | Divers |
|---|---|---|---|---|
| Effectifs en 2002 | 1 447 | 322 | 214 | 30 |

## La sous-administration de la Police nationale

En 1995, les initiateurs de la LOPS font le constat d'un manque flagrant de fonctionnaires administratifs desti-nés à des tâches d'administration dans les services de soutien. C'est pourquoi il a été prévu un recrutement de 5 000 administratifs et créé le corps des attachés de police. Ce programme n'a pas été tenu pour des raisons qui restent inconnues à ce jour puisque les crédits nécessaires à la réalisation de ces mesures ont été votés.

En 1999, Jean-Pierre Chevènement déclarait, devant la mission d'évaluation et de contrôle de l'Assemblée nationale : « Les tâches d'administration de la police sont très largement confiées à des policiers, ce qui manifeste le fait que la police est sous-administrée. » Le directeur général ajoutait : « Actuellement nous avons 4 700 agents alors que je pense qu'il nous en faudrait environ 10 000. » Enfin, il faut noter que le ratio personnels administratifs / personnels actifs est inférieur à 10 % en France alors qu'il est de 30 % en Allemagne.

De nombreux policiers des corps actifs sont détournés de tâches spécifiquement policières, notamment de voie publique. Sur l'étendue de ce problème, les chiffres varient de 5 000 à 10 000 fonctionnaires. Selon l'étude publiée par Alain Bauer en janvier 1999, 2 200 policiers de SP et 1 565 policiers de la PP sont officiellement affectés à des tâches administratives et techniques ou exemptés de tâches de voie publique, soit 3 765 emplois.

Le coût est exorbitant dans la mesure où un fonctionnaire des corps actifs coûte environ 30 % de plus qu'un fonctionnaire administratif. En effet, il perçoit une indemnité de sujétions spéciales égale à 22 % de son salaire qui est lui-même établi sur la base d'un surclassement indiciaire compte tenu de son statut spécial. Enfin, la formation d'un fonctionnaire des corps actifs de base est plus longue, plus coûteuse et très éloignée des techniques usuelles de gestion.

## Discipline

La discipline imposée aux policiers et leur protection ressortent du statut général de la fonction publique de l'État. Le pouvoir disciplinaire est exercé par le ministre de l'Intérieur. Lorsque le fonctionnaire de police est suspecté de faute, il fait l'objet d'une enquête puis, le cas échéant, d'une procédure disciplinaire. La totalité de son dossier lui est communiquée ainsi que ses annexes. Il a le droit de se faire assister par un défenseur de son choix.

Aucune sanction disciplinaire autre que les sanctions du premier groupe (avertissement et blâme) ne peut être prononcée sans consultation préalable d'un organisme paritaire (commission administrative paritaire du corps auquel appartient le fonctionnaire incriminé) siégeant en conseil de discipline. Les sanctions du deuxième groupe sont la radiation du tableau d'avancement, l'abaissement d'échelon, l'exclusion temporaire de fonctions pour une durée maximale de quinze jours et le déplacement d'office. Celles du troisième groupe sont la rétrogradation et l'exclusion temporaire de fonctions pour une durée de trois mois à deux ans. Enfin, les sanctions du quatrième groupe sont la mise à la retraite d'office avec ou sans droit à pension et la révocation.

Le conseil de discipline est saisi par le ministre, sur les faits reprochés au fonctionnaire. Ce dernier peut présenter au cours de l'instance des observations écrites ou orales et citer des témoins. La procédure devant le conseil de discipline est contradictoire. À l'issue des débats, le conseil de discipline délibère sur la sanction opportune qui est mise aux voix par son président. Celle-ci est en réalité une proposition qui doit être motivée et transmise au ministre.

Contrairement à certaines idées reçues, la Police nationale n'hésite pas à sanctionner lourdement. Les sanctions prononcées montrent que la Police nationale ne tolère pas les manquements à la discipline et à la déontologie. La comparaison avec les autres administrations de l'État apparaît même paradoxalement plutôt favorable à l'exercice des pouvoirs de sanction dans la Police nationale.

| Corps | Sanctions du premier groupe | | | | Sanctions après conseil de discipline | | | |
|---|---|---|---|---|---|---|---|---|
| | 1998 | 1999 | 2000 | 2001 | 1998 | 1999 | 2000 | 2001 |
| Commissaires | 12 | 5 | 5 | 2 | 4 | 0 | 0 | 2 |
| Officiers | 94 | 76 | 96 | 82 | 48 | 73 | 39 | 21 |
| Gradés et gardiens | 1 782 | 1 546 | 1 607 | 1 600 | 384 | 421 | 440 | 361 |
| Sous-total | 1 888 | 1 627 | 1 708 | 1 684 | 436 | 495 | 479 | 384 |
| Administratifs, techniques et scientifiques | 47 | 42 | 63 | 27 | 12 | 23 | 19 | 14 |
| Total | 1 935 | 1 669 | 1 771 | 1 711 | 448 | 518 | 498 | 398 |

## Syndicalisme

Les policiers présentent la particularité d'un corps à fort taux de syndicalisation. Plus des deux tiers sont syndiqués essentiellement dans des organisations à l'origine autonomes. L'explication de ce phénomène tient à ce qu'ils ne disposent que d'un nombre très limité de moyens d'exprimer des revendications et qu'ils nourrissent un fort sentiment de vulnérabilité vis-à-vis de leur administration. Certains y voient la traduction de l'esprit de corps qui anime les policiers.

Ceux qui connaissent l'institution savent que le rôle joué par les syndicats de policiers dans les procédures d'avancement et de mutation ajoute à leur puissance.

L'extrême volatilité affectant les contours du paysage syndical policier et son instabilité permanente sont des facteurs que l'administration sait exploiter au gré des réformes et des situations qu'elle doit gérer. Elle a fait le choix de décentraliser la concertation en créant les Comités techniques paritaires départementaux en 1996, l'objectif étant, au-delà d'une nécessaire déconcentration des négociations locales, de court-circuiter les états-majors syndicaux parisiens jugés trop remuants et peu en phase avec leur base. Opération qui a trouvé ses limites avec la constatation faite que le policier de terrain est parfois plus absolutiste que son représentant régional ou parisien.

Il est permis de se poser la question de savoir si les imperfections du syndicalisme policier ne sont pas tout simplement les conséquences, comme par effet de miroir, des tergiversations incessantes de l'État en ce qui concerne la sécurité intérieure de la France.

Malgré tous ses défauts, le syndicalisme policier peut être considéré aussi comme une force de propositions et un véritable espace de recherche lorsqu'il initie ou participe à des réflexions de fond (crise des

**Résultats des scrutins 1998 et 2001**

| | Commissaires | | | | | |
|---|---|---|---|---|---|---|
| | *SCHFPN* | | *SPCD* | | *FO* | |
| | *1998* | *2001* | *1998* | *2001* | *1998* | *2001* |
| Voix obtenues | 1 236 | 1 218 | 199 | 266 | 141 | 37 |
| Représentativité | 78,43 % | 80,08 % | 12,63 % | 17,49 % | 8,95 % | 2,43 % |
| Sièges CAP | 6 | 5 | 0 | 1 | 0 | 0 |

En 1998, avec 2 132 inscrits, taux de participation : 77 %.
En 2001, avec 1 990 inscrits, taux de participation : 79 %.

| | Officiers | | | | | | | | | | | | | |
|---|---|---|---|---|---|---|---|---|---|---|---|---|---|---|
| | SNOP-UNSA | | Synergie | | UNSA | | FO | | CFTC | | CFDT | | CGT | |
| | 1998 | 2001 | 1998 | 2001 | 1998 | 2001 | 1998 | 2001 | 1998 | 2001 | 1998 | 2001 | 1998 | 2001 |
| Voix obtenues | 7 169 | 6 001 | 3 095 | 3 781 | 772 | – | 338 | 275 | 230 | 203 | 148 | 52 | 124 | 246 |
| Représen-tativité | 60,37 % | 59 % | 26,06 % | 34,02 % | 6,50 % | – | 2,85 % | 2,47 % | 1,94 % | 1,83 % | 1,25 % | 0,47 % | 1,04 % | 1,17 % |
| Sièges CAP | 7 | 6 | 3 | 4 | 0 | – | 0 | 0 | 0 | 0 | 0 | 0 | 0 | 0 |

En 1998, avec 16 692 inscrits, taux de participation : 73,65 %.
En 2001, avec15 373 inscrits, taux de participation : 73,57 %

| | Gardiens | | | | | | | |
|---|---|---|---|---|---|---|---|---|
| | UNSA | | Alliance | | SGP | | FPIP | |
| | 1998 | 2001 | 1998 | 2001 | 1998 | 2001 | 1998 | 2001 |
| Voix obtenues | 21 860 | 26 297 | 20 007 | 21 214 | 12 876 | 10 483 | 6 917 | 5 756 |
| Représentativité | 32,9 % | 39,6 % | 30,1 % | 31,9 % | 19,40 % | 15,8 % | 10,4 % | 8,7 % |
| Sièges CAP | 4 | 5 | 4 | 4 | 2 | 1 | 1 | 1 |

| | Gardiens | | | | | | | |
|---|---|---|---|---|---|---|---|---|
| | FO | | CFDT | | CGT | | CFTC | |
| | 1998 | 2001 | 1998 | 2001 | 1998 | 2001 | 1998 | 2001 |
| Voix obtenues | 2 344 | – | 923 | 1 185 | 897 | 768 | 609 | 708 |
| Représentativité | 3,5 % | – | 1,4 % | 1,8 % | 1,4 % | 1,1 % | 0,9 % | 1,1 % |
| Sièges CAP | 0 | – | 0 | 0 | 0 | 0 | 0 | 0 |

En 1998, avec 86 993 inscrits, taux de participation : 79,64 %.
En 2001, avec 88 677 inscrits, taux de participation : 74,89 %

| | Administratifs | | | | | | | | | | | |
|---|---|---|---|---|---|---|---|---|---|---|---|---|
| | SNIPAT | | Alliance | | UNSA | | FO | | CGT | | CFDT | |
| | 1998 | 2001 | 1998 | 2001 | 1998 | 2001 | 1998 | 2001 | 1998 | 2001 | 1998 | 2001 |
| Voix obtenues | 4 507 | 3 846 | – | 986 | 1 607 | 1 657 | 1 255 | 773 | 395 | 287 | 198 | 141 |
| Représentativité | 56,6 % | 49,7 % | – | 12,9 % | 20,1 % | 21,7 % | 15,8 % | 10 % | 5 % | 3,8 % | 2,5 % | 1,9 % |
| Sièges CAP | 18 | 16 | – | 4 | 4 | 5 | 5 | 2 | 1 | 1 | 0 | 0 |

En 1998, avec 11 952 inscrits, taux de participation : 69 %.
En 2001, avec 11 742 inscrits, taux de participation : 66,1 %

| | Laboratoires | | | |
|---|---|---|---|---|
| | *SNPPS* | | *UNSA* | |
| | *1998* | *2001* | *1998* | *2001* |
| Voix obtenues | 319 | 337 | 18 | 55 |
| Représentativité | 94,66 % | 85,96 % | 5,34 % | 14,04 % |
| Sièges CAP | 13 | 14 | 0 | 0 |

En 1998, avec 514 inscrits, taux de participation : 68,87 %.
En 2001, avec 563 inscrits, taux de participation : 66,10 %

banlieues, redéploiement des compétences et des effectifs Police-Gendarmerie, etc.) et ne se contente pas du « catégoriel ».

## Budget

Le budget de la Police nationale est celui d'une administration de main-d'œuvre, puisque la part des dépenses de personnel dépasse 82 % des crédits alloués.

Dans d'autres administrations appartenant au ministère de l'Intérieur, cette part est plus réduite (64 % pour l'administration territoriale et 28,5 % pour la sécurité civile). La part des dépenses moyennes de fonctionnement par agent s'élève à 27 000 F environ, alors qu'elle s'élève à 76 000 F pour l'administration territoriale et à 290 000 F pour la sécurité civile (les investissements en matériels lourds expliquant en partie cette différence).

Il en résulte que la part des dépenses de fonctionnement (13,5 %) et la part des dépenses en capital pour l'immobilier et l'équipement lourd (3,7 %) sont sans rapport et expliquent la lenteur de la modernisation des services. Le vote d'une loi-programme (LOPS du 21 janvier 1995), dont l'un des objectifs était de dépasser la seule gestion comptable du ministère du Budget, n'y a rien fait et les objectifs votés avec leur financement n'ont pas été tenus. Fait surprenant, l'exécution de cette loi-programme n'a pas été évaluée à son terme (fin 1999), ce qui pose la question de son utilité réelle[1].

C'est ensuite, et malgré les volontés affichées, un budget stable par rapport au budget de l'État, en régression par rapport au produit intérieur brut et en augmentation si l'on s'en tient au volume brut des crédits (en effet, une lecture plus approfondie des cinq dernières lois de finances permet de découvrir qu'en raison de la baisse régulière des effectifs des corps actifs et du non-recrutement des administratifs prévu par la LOPS le budget de la Police nationale connaît une progression).

**Part du budget de la police nationale**

|  | Années | | | | | |
|---|---|---|---|---|---|---|
|  | 1996 | 1997 | 1998 | 1999 | 2000 | 2001 |
| PIB (milliards d'euros) | 1 170 | 1 198 | 1 240 | 1 344 | 1 398 | 1 460 |
| Budget de l'État (milliards d'€) | 237 | 238 | 242 | 255 | 257 | 261 |
| Budget de l'État dans le PIB | 19,66 % | 19,22 % | 18,65 % | 18,94 % | 18,38 % | 17,87 % |
| Budget de la police (milliards d'€) | 4,273 | 4,263 | 4,312 | 4,438 | 4,572 | 4,877 |
| Budget de la police dans celui de l'État | 1,81 % | 1,78 % | 1,78 % | 1,74 % | 1,78 % | 1,87 % |
| Budget de la police dans le PIB | 0,36 % | 0,35 % | 0,35 % | 0,34 % | 0,33 % | 0,33 % |

1. La même question se pose régulièrement pour les lois de programmation militaire...

Tous crédits confondus, le budget de la Police nationale s'élève, en 2001, à 31,989 milliards, ce qui représente 1,87 % du budget de l'État, lequel atteint 1 711,39 milliards de francs.

La masse salariale et celle des crédits donnent, lorsque l'on opère une comparaison, une image précise du déséquilibre qui caractérise le budget de la Police nationale.

| | Budget 2001 (en milliards d'euros) | | | | | |
|---|---|---|---|---|---|---|
| | Masse salariale | Équipement | Immobilier | Informatique, transmission | Recherche scientifique | Total |
| Fonctionnement | 4,032 | 662 | | 35 | | 4 729 |
| Investissement (AP) | | | 107 | 69 | 0,1 | 176 |
| Investissement (CP) | | | 80 | 69 | | 150 |
| Total | 4,032 | 662 | 187 | 173 | 0,1 | 5 055 |

La police est équipée de 27 361 véhicules de tout type.

La police dispose également de 160 000 armes de poing (revolvers et pistolets) et de 13 200 armes collectives (pistolets-mitrailleurs).

Enfin, le parc immobilier au service des 2 767 implantations des services de la Police nationale se répartit en :

– 2 643 hôtels de police, commissariats, bureaux et postes de police ;
– 76 casernements ou cantonnements de CRS ;
– 30 écoles et centres de formation.

## Réformes de la police

À la fin des années 1980, le ministre de l'Intérieur, Pierre Joxe, demande à son DGPN, François Roussely, de procéder à une réforme des structures territoriales de la Police nationale devant conduire à renforcer l'échelon local de direction des services.

Cette réforme de la départementalisation est accompagnée d'une autre à l'objectif encore plus ambitieux : la régionalisation. Testée sur cinq sites dès la fin de 1989, elle est étendue en 1991, généralisée en 1992 et stoppée en 1993. Après y avoir mis fin, Charles Pasqua la réinvente en 1994 pour la direction centrale de la sécurité publique déjà départementalisée et lance les Plans départementaux de sécurité (PDS) censés donner une ligne directrice aux services de police et de gendarmerie dans la lutte contre la délinquance.

Les réformes s'attachant à refondre, à modifier, voire à faire disparaître des corps avec la volonté de redéfinir les carrières, sont également des exemples de l'indécision, voire de l'absence d'ambition pour la Police nationale, qui affecte l'État.

En 1977, une première réforme des corps écrête la carrière des officiers de paix. En 1983, une réforme des horaires (réforme dite de la cinquième brigade) est suivie de la mise en place d'un plan de modernisation avec des incidentes structurelles sérieuses. Dans le même temps, une refonte du statut des inspecteurs de police est initiée. En 1986, le corps des enquêteurs de police est consacré par décret et sa gestion est organisée. La Loi d'orientation et de programmation pour la sécurité (LOPS) du 21 janvier 1995 fait tout voler en éclats, en fondant en un seul les corps des officiers de paix et des inspecteurs de police et en supprimant celui des enquêteurs.

En 1989 est lancée une réforme de la gestion des crédits déconcentrés qui attribue aux chefs de service policier des compétences pour opérer des choix quant aux dépenses qui ont une incidence sur l'opérationnel. L'administration, pourtant à l'origine de cette réforme, n'aura de cesse de la remettre en question avec succès.

Pour mémoire, il faut noter les changements d'appellation des services comme la direction centrale de la police aux frontières qui changea trois fois de nom de 1996 à 1999 ou la direction centrale de la sécurité publique qui ne cessa d'hésiter entre police urbaine et sécurité publique de 1980 à 2000. Il en est de même du service chargé de la formation qui, dans les années 1980, sera érigé en direction d'administration centrale puis intégré, au début des années 1990, à la DAPN avec le rang de sous-direction pour devenir en 1998 une direction centrale active.

Cependant, il est permis de regretter qu'une réforme essentielle, celle de la mise en complémentarité des compétences et des effectifs de la Gendarmerie nationale et de la Police nationale, soit remise sans cesse à plus tard. Malgré les nombreuses études (IGA, IGPN, DGGN et Contrôle des armées), réflexions (parfois d'origine syndicale) et le pertinent rapport Hyest-Carraz, l'utilité de la mise en cohérence de deux forces publiques disposant des mêmes compétences et évoluant sur un même terrain semble communément admise, afin qu'elles s'ajoutent plutôt que qu'elles ne s'annulent. Sans revenir sur la multiplicité des projets avancés au cours des dernières années, on peut toutefois retenir la volonté continue, depuis Pierre Joxe, de moderniser puis de réformer la police pour la rendre plus proche du citoyen.

Créés par la circulaire interministérielle du 22 mai 2002, les groupes d'intervention régionaux (GIR) constituent une structure nouvelle chargée de lutter contre l'économie souterraine et les différentes formes de délinquance organisée qui l'accompagnent. Structures permanentes réunissant des effectifs de la Police nationale et de la Gendarmerie nationale, mais aussi les services fiscaux, ceux de la concurrence, de la consommation et de la répression des fraudes, enfin ceux du travail et de l'emploi, les GIR, au nombre de 29, sont administrativement rattachés soit aux SRPJ de la Police judiciaire, soit aux SR de la Gendarmerie nationale. Ils interviennent à l'initiative conjointe du préfet et du procureur de la République sur la base d'un constat commun et sont mis à la disposition du DDSP ou du commandant de groupement de la Gendarmerie sur le plan opérationnel. Concrétisation de la volonté de faire travailler ensemble des administrations qui n'avaient pas cette « culture » et résultat du rapprochement des deux composantes majeures de la force publique, Police et Gendarmerie nationales, les GIR ont été mis en place avec une célérité remarquable qui n'a pas été sans poser quelques problèmes au regard de la procédure pénale. Ils disposent d'un effectif de 262 fonctionnaires.

## Les nouveaux territoires de la police

La police tente d'agir en même temps sur ses pratiques, son éthique, ses activités et la coopération qu'elle veut engager pour coproduire de la sécurité.

**La Commission nationale de déontologie de la sécurité.** – La loi du 6 juin 2000 a créé une commission nationale de déontologie chargée de veiller au respect de la déontologie s'appliquant à toutes les personnes exerçant des activités de sécurité sur le territoire de la République.

Outre son président, Pierre Truche, nommé par décret du président de la République, elle comprend sept membres (élus nationaux, magistrats, personnalités qualifiées).

Elle peut être saisie par toute personne estimant que des faits ont pu constituer un manquement aux règles de la déontologie. La réclamation est adressée à un député ou à un sénateur qui la transmet si elle lui paraît entrer dans la compétence de la Commission. Le Premier ministre et les membres du Parlement peuvent saisir la Commission. La saisine n'interrompt pas les prescriptions des actions sur les plans judiciaire et administratif.

La Commission mène des enquêtes, et les agents publics qu'elle convoque sont tenus de déférer. Elle peut consulter toute personne dont l'avis lui paraît indispensable. À l'issue de ses démarches, elle adresse aux autorités publiques et aux dirigeants des sociétés concernées des avis ou des recommandations qui appellent compte rendu de leur application. Si les faits dénoncés à la Commission font l'objet d'une enquête judiciaire, elle ne peut engager ses travaux qu'après accord de l'autorité judiciaire compétente. Ses travaux sont couverts par le secret et ne peuvent remettre en cause une décision juridictionnelle.

La Commission peut proposer au gouvernement toute modification de la loi dans le domaine de sa compétence.

Les personnels placés sous l'autorité du garde des Sceaux (personnels de l'administration pénitentiaire et magistrats notamment) sont exclus du champ de ce texte malgré leur implication dans la sécurité intérieure.

**Territoires intérieurs et partenariats.** – Précédant, dans le temps, la tenue du colloque de Villepinte (25-27 octobre 1997), le Contrat local de sécurité (CLS) donne un cadre aux partenariats noués entre opérateurs et producteurs de sécurité au niveau local en s'attachant non plus à un territoire administratif mais à un espace cohérent au regard de la sécurité constatée. Ainsi, un CLS peut s'appliquer à un quartier ou à un arrondissement, mais aussi à un groupe de communes. Certains CLS concernent des réseaux de transport.

Le CLS n'a fait qu'officialiser, dans beaucoup de cas, ce qui existait déjà en matière de partenariat local, animé par la bonne volonté des élus locaux et des responsables de la police et de la gendarmerie.

775 CLS sont en cours d'élaboration (dont 573 ont été signés au 31 janvier 2002) mais moins du tiers d'entre eux sont intercommunaux. 6 CLS de quartiers sont engagés. 23 CLS spécifiques transports sont en cours d'exécution. Des Conseils locaux de sécurité et de prévention de la délinquance ont remplacé les CLS et les Conseils communaux de prévention de la délinquance (CCPD) par décret du 17 juillet 2002 (*Journal officiel* du 18 juillet 2002).

## À l'extérieur des frontières

*Le bureau central national d'Interpol.* – L'OIPC-Interpol rassemble aujourd'hui 177 membres et ses missions sont essentiellement axées sur la documentation et l'entraide (faciliter l'application des conventions internationales, d'extradition, de recherches de personnes disparues).

Le BCN français est dirigé par le directeur central de la police judiciaire. Il est en liaison avec le bureau de l'entraide répressive internationale et des conventions pénales du ministère de la Justice ainsi qu'avec les parquets et les magistrats instructeurs.

*Trévi.* – Trévi est le nom donné aux groupes de travail réunissant des experts désignés par les ministres de la Sécurité de la CEE, chargés de faire des suggestions ou de donner des avis sur le terrorisme international, la criminalité organisée, le trafic de stupéfiants et le maintien de l'ordre. Ont existé : Trévi I (lutte contre le terrorisme), Trévi II (maintien de l'ordre), Trévi III (lutte contre le trafic de stupéfiants) et Trévi 92 (sur les conséquences de l'ouverture des frontières intérieures de l'Europe).

*Schengen.* – Les partenaires Schengen sont : la France, l'Allemagne, le Benelux, l'Espagne, le Portugal, l'Italie, la Grèce et l'Autriche. Le Danemark, la Suède, la Finlande, la Norvège et l'Islande ont rejoint les premiers signataires à la fin 2000.

Afin de pallier les inconvénients de la suppression des frontières, un fichier informatisé concernant les personnes, les véhicules et les objets recherchés (armes, explosifs, monnaies, visas, etc.) a été créé. Ce système d'information commun dénommé Système d'information Schengen (SIS) est composé de parties nationales et d'un système central basé à Strasbourg et placé sous la responsabilité de la France. Les fiches intégrées dans le système central sont issues des fichiers nationaux des pays membres.

*Europol.* – 15 États européens ont adopté une convention signée le 26 juillet 1995, entrée en vigueur le 1er octobre 1998, qui a fondé Europol dont le siège a été implanté à La Haye. Les missions qui lui sont assignées font d'Europol un système d'échange et d'analyse d'informations entre les services de police de tous les États signataires dans le cadre de la lutte contre les formes les plus graves de la criminalité internationale, dès lors qu'il est présumé que les malfaiteurs impliqués intéressent plusieurs pays membres. D'autre part, Europol peut apporter son expertise et son assistance technique, notamment au travers d'actions de formation, à des services demandeurs.

Les missions dévolues à Europol concernent :
– le trafic de stupéfiants ;
– le trafic de matières nucléaires ;
– le trafic de véhicules volés ;
– le trafic des êtres humains et la pédophilie ;
– le terrorisme ;
– les infractions liées au trafic de fausse monnaie ;
– le trafic lié aux filières d'immigration clandestine ;
– le blanchiment de l'argent sale.

Les données relatives à ces phénomènes criminels sont centralisées par un système informatique dont l'alimentation, la consultation, l'analyse et l'échange sont contrôlés par une autorité commune. Chaque État délègue auprès d'Europol des officiers de liaison. La France en compte cinq (trois policiers, un douanier et un gendarme).

L'unité nationale Europol en France est intégrée à la DCPJ et constitue l'interface entre les services français (police, gendarmerie, douane et depuis 1999 justice) et Europol à La Haye.

En 2001, 7 979 messages ont été échangés (entre les services français et d'autres services étrangers) qui ont généré l'ouverture de 1 514 dossiers opérationnels concernant essentiellement le trafic de stupéfiants et le trafic de véhicules volés.

*SCCOPOL.* – Dans un souci de cohérence et de rationalisation des outils de coopération internationale, le ministère de l'Intérieur a créé début 2000 au sein de la DCPJ la Section centrale de coopération opérationnelle de police (SCCOPOL). Cette structure permet aux enquêteurs et magistrats français de ne plus se préoccuper du choix du canal à utiliser (Interpol, Europol ou Schengen) puisque, une fois saisie de la demande et après son étude, elle va opérer la saisine de l'outil le plus approprié. SCCOPOL se comporte comme un centre opérationnel d'aiguillage pour les quelque 130 000 messages estimés par an en provenance ou en direction de l'étranger. Ce service regroupe 80 policiers, gendarmes, douaniers et magistrats.

Chapitre III

## LA MESURE DE L'EFFICACITÉ
## DU SERVICE PUBLIC D'ÉTAT
## DE LA SÉCURITÉ

Si les indicateurs de l'activité policière sont plus complexes à déterminer que pour des missions de production industrielle ou commerciale, il existe malgré tout des ratios constants utilisables[1]. Le taux de criminalité permet de déterminer la relation entre un territoire, une population résidente et la criminalité constatée. Mais il ne prend pas en compte les mouvements de la population dans la journée ou dans l'année, les importations de population non résidente ou les crimes et délits non enregistrés. En revanche, globalement et sur le territoire national, il donne une indication assez précise des évolutions de la criminalité connue.

Les enquêtes de victimation permettent une visibilité plus grande de la délinquance vécue par les victimes et permettent souvent d'identifier le niveau de confiance accordé par la population à sa police. Il ne donne par contre aucune indication sur le travail policier après commission d'un délit.

L'indicateur le plus « fiabilisé » est cependant celui du taux d'élucidation qui permet, par type

1. Voir, sur l'usage des statistiques policières, *Violences et insécurité urbaines,* Alain Bauer et Xavier Raufer, PUF, 8ᵉ éd., 2002, et, sur les enquêtes de victimation, *Tribune du commissaire de police,* nº 76, décembre 1999.

de délit et par territoire, de connaître le niveau de productivité policier par rapport à la criminalité connue. Or ce taux a connu des évolutions spectaculaires depuis trente ans, globalement, et pour chaque force nationale de police. Certes, il faut toujours garder à l'esprit que deux types de délits, à fort taux d'élucidation potentielle (chèques sans provision et délits automobiles), ont été décriminalisés, dépénalisés ou contraventionnalisés au cours des ans. On ne compare donc pas les mêmes faits sur la durée. Si le taux d'élucidation était d'environ 65 % en 1965, il passait à 51,7 % en 1972 pour atteindre son plus bas historique avec 26,3 % en 2001.

Il faut également noter que le taux d'élucidation ne semble pas lié au mouvement global de la criminalité : il peut progresser alors qu'elle décroît ou lorsqu'elle s'accroît. Ainsi, on pourrait paradoxalement penser qu'un taux d'élucidation qui progresse alors que le nombre de crimes et délits constatés augmente est un bon signe pour l'activité policière, à la fois en termes de connaissance des faits et de « productivité » des services.

La Police nationale a connu une longue période de baisse de son efficacité avant de regagner du terrain depuis 1996. La Gendarmerie nationale connaît une chute plus accélérée et plus concentrée en atteignant son plus bas historique en 2001.

|  | Taux d'élucidation (%) | | | | |
| --- | --- | --- | --- | --- | --- |
|  | 1965 | 1980 | 1990 | 1995 | 2001 |
| PN |  |  |  | 22,2 | 22,27 |
| GN |  |  |  | 58,6 | 32,15 |
| Global | 65 | 39,3 | 37,5 | 32,5 | 26,3 |

Chapitre IV

# LES POLICES LOCALES

Force unique aux origines historiques du pays, les polices locales ont vu peu à peu leurs pouvoirs se restreindre au moment où l'État central s'affirmait, d'abord pour les missions judiciaires importantes (homicides), puis pour des missions de proximité, malgré l'intermède révolutionnaire puis entre 1884 et 1940.

## Les polices municipales

La liberté laissée à un maire de créer une police municipale, puis celle laissée au gouvernement de l'étatiser et l'obligation faite par la loi d'intégrer les polices municipales dans un ensemble partenarial, révèlent les tergiversations incessantes sur les modes d'organisation d'un véritable service public de la sécurité en France.

**La création d'une police municipale.** – Le maire, détenteur de pouvoirs de police propres, peut demander la création d'une police municipale au conseil municipal, même si sa commune est sous régime de police d'État, c'est-à-dire dispose d'un commissariat de sécurité publique de la Police nationale. En effet, l'une n'est pas exclusive de l'autre (art. L 2212-5 du Code des collectivités territoriales). Il en est de même si, étant placée en zone non étatisée, la commune est couverte par la Gendarmerie nationale.

En ce cas, le maire recrute, nomme les candidats admis qui deviennent des fonctionnaires appartenant à la fonction publique territoriale et veille à leur formation (décrets 94-731 et 94-732 d'août 1994 et 2000-43, 2000-44, 2000-45, 2000-46, 2000-47, 2000-48, 2000-49, 2000-50 et 2000-51 de janvier 2000). L'exercice des fonctions d'agent de la police municipale est soumis à l'agrément du préfet et du procureur de la République. Les agents assurent les missions en uniforme. La carrière d'agent de la police municipale comprend les grades de gardien, de gardien principal, de brigadier, de brigadier-chef, de brigadier-chef principal (tous de catégorie C de la fonction publique) et de chef de police municipale (catégorie B de la fonction publique). La différence principale avec la Police nationale vient de ce qu'il n'existe pas de corps d'encadrement (officiers) et de corps de direction (le maire en tient lieu). L'exercice des fonctions en tenue civile n'est pas autorisé. Il est interdit à un maire de créer un corps de policiers municipaux qui ne soit pas prévu par la loi. Leur statut de fonctionnaires territoriaux les soustrait au statut spécial des corps actifs de la Police nationale.

**Les missions.** – Le policier municipal est agent de police judiciaire adjoint. S'il dispose d'un pouvoir de constatation des infractions et d'arrestation du ou des auteurs d'une infraction flagrante à l'égal d'un policier ou d'un gendarme, il ne peut conduire d'enquête (en procédant à des auditions, en recueillant des plaintes, en opérant des perquisitions) aux fins d'identifier des auteurs potentiels et procéder à leur arrestation.

En matière de circulation routière, le policier municipal a vu le champ de ses compétences accru par le décret du 24 mars 2000 (pris en application de la loi du 15 avril 1999) au point que seules des infractions délictuelles et des contraventions spécifiques (pour lesquelles il est nécessaire de procéder à l'audition du contrevenant : conduite en état d'ivresse, défaut d'assurance, par exemple) échappent à leurs pouvoirs.

Mais la compétence première de l'agent de police municipale est de veiller à l'application et au respect des arrêtés du maire.

**L'armement.** – La loi du 15 avril 1999 prescrit que le maire désirant équiper les policiers municipaux de sa commune doit en faire la demande auprès du préfet de son département. Ce dernier peut accorder une autorisation individuelle. Cette autorisation n'est pas de droit et elle ne peut porter que sur des catégories d'arme précises. Pour les armes de 4e catégorie, il ne peut s'agir que de revolver calibre 38 spécial et pour les armes de 6e catégorie il n'est prévu que des matraques ou bâtons de défense et des aérosols incapacitants ou lacrymogènes.

Enfin, l'autorisation de détention et de port est corrélée avec les missions et les horaires des polices municipales. Un tiers des policiers municipaux était armé au 1er janvier 1998.

**La loi du 15 avril 1999.** – La principale innovation de la loi du 15 avril 1999 est l'obligation faite au maire de la commune dont l'effectif de la police municipale dépasse cinq emplois de signer une convention de coordination avec le préfet avec avis du procureur de la République lorsque les missions assignées sont effectuées dans une plage horaire située après 23 heures et avant 6 heures. À défaut de convention, les missions de la police municipale ne peuvent s'exercer qu'entre 6 heures et 23 heures.

Une commission consultative des polices municipales est également instituée auprès du ministre de l'Intérieur. Elle est saisie par le maire, le préfet ou le procureur, pour donner son avis sur les demandes de vérification de l'organisation et du fonctionnement d'un service de police municipale. Elle peut être consultée à propos de la définition des caractéristiques et des normes techniques relatives aux équipements des agents de la police municipale et lors de l'élaboration du code de déontologie des agents.

Enfin, dans certains cas limitativement énoncés, les maires de communes limitrophes peuvent rassembler leurs effectifs de police municipale. Dans cette hypothèse, le préfet donne son autorisation par arrêté.

Les polices municipales sont soumises au contrôle du Haut Conseil de déontologie pour la sécurité. Par ailleurs, l'article 4 de la loi du 15 avril 1999 attribue compétence aux services d'inspection générale de l'État pour opérer également vérification de l'organisation et du fonctionnement d'un service de police municipale. L'IGPN est le service désigné pour cette mission. Enfin, la loi dispose que les policiers municipaux sont astreints au port d'un uniforme différent de celui des fonctionnaires de la Police nationale.

**La loi du 15 novembre 2001 relative à la sécurité au quotidien et la loi du 27 février 2002 relative à la démocratie de proximité.** – La loi du 15 novembre 2001 oblige le préfet à associer le maire à la définition des actions de prévention de la délinquance et de lutte contre l'insécurité. Il doit le tenir informé, en outre, des résultats obtenus. Ce texte attribue des pouvoirs nouveaux au maire qui peut, en cas de danger grave et immédiat pour les personnes, ordonner le placement d'un animal en un lieu de dépôt adapté et même faire procéder à l'euthanasie après avis d'un vétérinaire mandaté par les services vétérinaires. Enfin, ce texte permet la saisie du matériel utilisé par les organisateurs d'événements festifs à caractère musical *(rave parties)* n'ayant pas satisfait à l'obligation de déclaration préalable en préfecture ou ayant passé outre une interdiction prononcée par le préfet.

La loi du 27 février 2002 permet à un établissement public de coopération intercommunale (EPCI) regroupant plusieurs communes de recruter dans des conditions rigoureuses (deux tiers au moins des conseils municipaux représentant plus de la moitié de la population ou la moitié des conseils municipaux représentant plus des deux tiers de la population) un ou plusieurs agents de police municipale en vue de les mettre à la disposition de ces communes. Pendant l'exercice de leurs fonctions, ces agents de police municipale sont placés sous l'autorité du maire concerné territorialement.

**Effectifs.** – Le nombre des polices municipales n'a cessé de croître depuis 1984.

| Année | Communes | Agents |
|-------|----------|--------|
| 1984  | 1 748    | 5 641  |
| 1993  | 2 849    | 10 977 |
| 1998  | 3 030    | 13 098 |
| 2001  | 3 027    | 14 452 |

Sur 746 communes de plus de 10 000 habitants ayant une police municipale, 524 sont placées sous le régime de la police d'État. 422 communes ont plus de cinq agents.

Communes ayant plus de 100 agents de police municipale au 1er janvier 2002 :

- Lyon : 281 ;
- Nice : 271 ;
- Marseille : 216 ;
- Cannes : 160 ;
- Nouméa : 134 ;
- Chambéry : 125 ;
- Strasbourg : 125 ;
- Toulouse : 116 ;
- Avignon : 104.

*Un service de « police municipale » particulier : la direction de la prévention et de la protection de la Ville de Paris.*

Dès 1944, la Préfecture de la Seine a mis en place un service de sécurité intérieur en vue de protéger l'Hôtel de Ville.

Les relations avec la préfecture de police ont connu des tensions importantes, sous l'égide des organisations syndicales de gardiens de la paix qui voyaient avec inquiétude le développement des missions de la DPP sur la voie publique, notamment après la mise en place d'une brigade sur rollers (dénommée les « ORNI : Objets roulants non identifiés » par certains policiers).

La création d'une police municipale à Paris constitue un enjeu politique majeur, malgré la montée en puissance et en efficacité de la police de proximité depuis 1999.

À ce jour, la DPP dispose de 640 inspecteurs de sécurité, 200 ALMS et 50 personnels administratifs, et actionne directement 350 agents privés de sécurité pour la surveillance dans 230 sites HLM (60 000 logements sociaux). Elle sécurise plus de 3 000 équipements municipaux recevant du public.

En 1998, les agents de surveillance de la mairie de Paris ont effectué 22 000 interventions pour des troubles à la tranquillité, présenté 145 personnes aux services de la police judiciaire de la préfecture de police, opéré plus de

500 saisies de produits stupéfiants ou armes dans les immeubles placés sous leur contrôle.

L'article 15 de la LSQ prévoit désormais qu'après l'article L. 2512-16 du Code général des collectivités territoriales il est inséré un article L. 2512-16-1 ainsi rédigé : « Les agents de surveillance de Paris sont autorisés à constater par procès-verbaux les contraventions aux arrêtés de police du préfet de police et à ceux du maire de Paris, pris en application de la présente sous-section et dont la liste est fixée par décret en Conseil d'État. »

## Les gardes champêtres

Le garde champêtre est une réminiscence de la police des champs voulue par Charles V afin de veiller à la conservation des récoltes. Créé par la loi de 1884, le garde champêtre est chargé de rechercher et de constater les contraventions aux règlements et arrêtés pris par le maire en vertu de ses pouvoirs de police. Les décrets du 24 août 1994 et du 21 février 1996 portant code des collectivités territoriales encadrent les fonctions de garde champêtre et les conditions de sa nomination. Ils sont environ 3 800. La loi du 27 février 2002 permet à un EPCI de recruter un ou plusieurs gardes champêtres compétents dans chacune des communes concernées. Ces gardes champêtres sont placés alors sous l'aurotié du maire concerné.

**Les missions.** – Le garde est chargé de missions de surveillance relatives au bon ordre, à la sûreté et à la salubrité publiques ainsi que de la police des campagnes (Code des collectivités territoriales), en concurrence avec la Gendarmerie nationale.

Il peut constater quelques infractions au Code de la route (manquements aux obligations édictées par arrêté de police, embarras de la voie publique notamment), les infractions au Code rural (chasse et pêche), certaines infractions à la police des chemins de fer (circulation et stationnement dans les cours de gare) et les infractions au Code des débits de boissons. Enfin, il peut être chargé de la police funéraire (mise en bière et inhumation). Dans ses attributions de police judiciaire, il est placé sous la direction du procureur de la République et sous la surveillance du procureur général. Il est également soumis au contrôle de la chambre d'accusation. Dans ses missions de police administrative il est sous l'autorité du maire qui exerce le pouvoir disciplinaire en cas de faute.

**Signes distinctifs.** – Le garde champêtre doit porter sur son uniforme un écusson indiquant sa qualité et le nom de la commune. Il peut être équipé d'une arme de 1re ou de 4e catégorie, ou bien d'une arme de 6e catégorie. Le maire doit en faire la déclaration au préfet du département.

Chapitre V

## LES SERVICES DE SÉCURITÉ
## DE LA SNCF ET DE LA RATP

### La SUGE de la SNCF

La surveillance générale de la SNCF ou SUGE a été créée en 1846 et regroupe environ 1 800 agents disposant du port d'arme.

Depuis 1989, la SUGE est épaulée par plus de 600 fonctionnaires de la Police nationale composant les Brigades de sécurité des chemins de fer (BSCF) de la direction centrale de la police aux frontières sur le réseau banlieue nord et dans l'Eurostar.

En 1999, la mission centrale de sûreté est devenue la direction de la sûreté placée sous l'autorité du secrétaire général de la SNCF.

Elle est divisée en deux pôles :

– le Service central de la surveillance générale (SUGE) ;
– le service de la politique générale, en charge notamment des partenariats.

Elle s'appuie sur un réseau de 23 délégués régionaux de la sûreté répartis sur l'ensemble du territoire et dispose de 2 PC de surveillance couvrant 2 000 sites. Une soixantaine de gares sont équipées en vidéo-surveillance.

En outre, la SNCF a développé une base de données

(CEZAR) lui permettant de détecter les zones à risque et de redéployer les effectifs. L'analyse concerne tous les types de problème, du tag à l'agression physique.

La SNCF est partenaire de plus de 150 Contrats locaux de sécurité (CLS) et en a conclu plusieurs, spécifiques, en Île-de-France et dans le Nord.

### Le GPSR de la RATP

La RATP avait créé en 1984 une structure originale pour une entreprise de transports publics de cette envergure (le GIPR). Le Groupe de protection et de sécurité des réseaux (GPSR) est né en 1994 de la fusion entre le GIPR et la surveillance générale de la RATP qui avait été créée avec le Métropolitain.

Placé sous l'autorité du directeur du département environnement et sécurité, le GPSR regroupe 768 agents (1 028 selon la RATP fin 2000) qui s'ajoutent aux 3 000 agents chargés du contrôle des billets et aux 500 emplois jeunes ALMS. Cet ensemble constitue le pôle sûreté et surveillance de la RATP.

Les agents du GPSR sont recrutés sur des critères spécifiques et bénéficient d'une formation initiale avant que d'être affectés sur le réseau. Ils bénéficient aussi d'une formation continue et d'un entraînement physique.

Ils sont assermentés et assujettis au port de l'uniforme qui les distingue des autres forces de sécurité.

La RATP a réparti plus de 5 000 caméras de vidéo-surveillance sur son réseau (1 100 dans le métro, 600 dans le RER, 1 600 dans les guichets et 1 600 pour l'exploitation) afin d'assurer la sécurité de ses clients et de ses personnels ainsi que la préservation de ses installations.

La RATP bénéficie de l'aide du Service de protection et de surveillance des réseaux ferrés parisiens (SPSRFP) créé par la préfecture de police début 2000.

Doté de 500 policiers et de 40 ADS, il couvre les 336 stations de métro et de RER (environ 7 millions de passagers par jour) en étant relié au PC 2000. Ses agents disposent de véhicules d'intervention rapide. Des services d'accueil et de traitement judiciaire sont implantés dans les 6 gares parisiennes et à la station Châtelet-Les Halles. Une Unité d'investigations et d'enquêtes générales (UIEG) intervient pour les opérations de longue durée et dans la lutte contre les dégradations. Depuis mai 2002, 120 patrouilles supplémentaires et 240 CRS ont été affectés aux réseaux.

Chapitre VI

## LES POLICES « PRIVÉES »

Depuis toujours, les citoyens d'abord, puis des opérateurs parapublics ou privés ont exercé des missions de protection, de surveillance ou d'intervention.

Jusqu'à la loi du 21 janvier 1995 (Loi d'orientation et de programmation relative à la sécurité, dite LOPS), il était possible d'affirmer hautement, même si l'histoire et la réalité étaient sensiblement différentes, que seul l'État disposait de réels pouvoirs de police. La LOPS a fixé un tout autre cadre, déjà amorcé en 1990 lors de la promulgation de la loi d'orientation sur les transports. La loi de novembre 2001 sur la sécurité quotidienne a encore renforcé ce retrait de l'État en autorisant même les fouilles corporelles par des agents de sécurité privés.

L'État régalien est devenu un État régulateur. Les Contrats locaux de sécurité (CLS) impulsés par le Colloque de Villepinte fin 1997 ont confirmé cette orientation en intégrant les services de sécurité privée parmi les interlocuteurs du partenariat pour la sécurité voulue par le gouvernement. Le Parti socialiste avait ouvert la voie en avançant le concept de « coproduction de sécurité ».

Le retrait de l'État de nombreuses tâches de présence, de visibilité et de proximité a permis une montée en puissance de la sécurité privée ou parapublique dans les centres commerciaux, les parkings, notamment souterrains, les banques, les réseaux de transports publics, les HLM, les hôpitaux, de très nombreuses grandes entreprises sur leurs sites administratifs, de stockage ou de production.

Depuis 1980, l'État réglementera sans discontinuer les professions de la sécurité (11 textes législatifs en vingt ans).

La création des Agents locaux de médiation sociale (ALMS) dans le cadre du plan emplois jeunes lancé en 1997-1998 a permis de développer les dispositifs parapublics dans les collectivités territoriales, les réseaux de transports publics et les HLM.

**Le poids social de la sécurité privée en France**. – Selon le Syndicat national des entreprises de sécurité (SNES) dans son rapport de branche publié en novembre 2001, plus de 4 000 entreprises (dont 140 de plus de 100 salariés) interviennent sur le marché français de la prévention sécurité et emploient environ 100 000 personnes (+ 9 %). À noter que le taux de rotation baisse, même s'il reste impressionnant. Les entreprises ont embauché près de 80 000 personnes pour compenser plus de 70 000 départs. En 1997, le taux de rotation dépassait 100 %, il est désormais de 80 %.

26 % des départs sont dus à des démissions, 40 % à des fins de CDD, 25 % à des licenciements. 16 % des salariés ont plus de sept ans d'ancienneté dans la profession ; 69 %, moins de quatre ans. 9 % des salariés ont plus de 50 ans, 65 % ont moins de 35 ans. 90 % sont des hommes. On compte 2 % de cadres et 3 % d'agents de maîtrise pour 92 % d'agents d'exploitation et 3 % d'employés administratifs.

42 % des agents sont polyvalents, 17 % ont le niveau IGH ERP, 11 % sont des conducteurs de chiens.

En Europe, selon la Confédération européeenne des services de sécurité (COESS), plus de 500 000 personnes travaillent dans près de 10 000 entreprises spécialisées.

**Le poids économique de la sécurité privée en France.** – Le chiffre d'affaires dépasse 2,5 milliards d'euros, en progression de plus de 10 % en 2000. Les grandes entreprises du secteur représentent plus de la moitié du CA. Les marchés publics, en progression constante, représentent 20 % du CA.

Le secteur est toutefois fragile avec plus de 4 600 défaillances d'entreprises en 1999, soit près de 10 % du total des défaillances sur l'année. 3 200 entreprises resteraient en activité, mais 250 seu-

**Les 25 secteurs de la sécurité privée en France**
(chiffre d'affaires 2001, en millions d'euros)

| | |
|---|---|
| Alarme anti-intrusion | 683,61 |
| Conseil-audit de sécurité | 332,29 |
| Contrôle d'accès | 441,74 |
| Contrôle technique | 1 670,79 |
| Enquêtes privée | 21,94 |
| Équipements blindés | 374,84 |
| Équipements de télésurveillance | 83,86 |
| Équipements pour le transport de fonds | 87,87 |
| Études de marché | 3,38 |
| Gardiennage, surveillance humaine | 1 573,16 |
| Ingénierie | 61,16 |
| Intervention sur alarme | 78,89 |
| Lutte contre la démarque inconnue | 165,83 |
| Protection de l'homme au travail | 2 043,93 |
| Protection rapprochée | 26,34 |
| Sécurité incendie | 1 920,22 |
| Sécurité industrielle | 228,37 |
| Sécurité informatique | 369,36 |
| Serrurerie | 535,83 |

Source : *En toute sécurité.*

lement réalisent un chiffre d'affaires de plus de 5 millions de francs (762 245 €) et 15 plus de 100 millions de francs (15 244 901 €). La moitié des entreprises est concentrée sur l'Île-de-France (l'effet siège social influant fortement sur la statistique), environ 10 % sur la région PACA[1].

### Le gardiennage

L'évolution de la délinquance et des « incivilités », le transfert sur la voie publique de délits plus traditionnels (cambriolages, vols de véhicules en stationnement) dont la société, sous l'impulsion des assureurs, a sanctuarisé les cibles préférées, la renaissance des bandes d'adolescents et leur présence dans les centres commerciaux et les gares de banlieue, ont peu à peu imposé le recrutement de nombreux agents privés de sécurité.

Alors qu'une circulaire du 17 novembre 1983 prohibe la participation de sociétés de surveillance et de gardiennage à l'exercice de la police municipale, la présence de gardiens ou de conducteurs de chiens, non seulement pour protéger le patrimoine des collectivités locales (ce qui est autorisé), mais également pour des patrouilles en ville, est de plus en plus fréquente.

Si, comme n'importe quel citoyen, ils peuvent agir dans le cadre de l'article 73 du Code de procédure pénale en cas de délit flagrant, l'article 27 de la Loi sécurité quotidienne (LSQ) du 15 novembre 2001 précise enfin qu'après l'article 3 de la loi n° 83-629 du 12 juillet 1983 réglementant les activités privées de surveillance, de gardiennage et de transport de fonds il est inséré un article 3-1 ainsi rédigé : « Les person-

1. Voir *Le Journal de la sécurité.*

nes physiques exerçant l'activité mentionnée au deuxième alinéa de l'article 1er peuvent procéder à l'inspection visuelle des bagages à main et, avec le consentement de leur propriétaire, à leur fouille. Les personnes physiques exerçant l'activité mentionnée au deuxième alinéa de l'article 1er, spécialement habilitées à cet effet et agréées par le représentant de l'État dans le département, peuvent, en cas de circonstances particulières liées à l'existence de menaces graves pour la sécurité publique, procéder, avec le consentement exprès des personnes, à des palpations de sécurité. Dans ce cas, la palpation de sécurité doit être faite par une personne du même sexe que la personne qui en fait l'objet. Ces circonstances particulières sont constatées par un arrêté du représentant de l'État dans le département et, à Paris, du préfet de police, qui en fixe la durée et détermine les lieux ou catégories de lieux dans lesquels les contrôles peuvent être effectués. »

---

**Classement des 10 premières sociétés de sécurité privée en France**
(chiffre d'affaires 2001, en millions d'euros)

| | | |
|---|---|---|
| 1. | Bacou-Dalloz | 928 |
| 2. | Bureau Veritas | 910 |
| 3. | Securitas | 543 |
| 4. | Apave | 425 |
| 5. | Chubb Plc en France | 380 |
| 6. | Tyco Fire & Security France | 365 |
| 7. | Brink's France | 328 |
| 8. | Socotec | 300 |
| 9. | Cerberus | 251 |
| 10. | Assa Abloy France | 229 |

Source : *En toute sécurité.*

L'article 25 de la Loi sécurité quotidienne (LSQ) du 15 novembre 2001 prévoit désormais que l'article L. 282-8 du Code de l'aviation civile est ainsi rédigé : « En vue d'assurer préventivement la sûreté des vols, tant en régime national qu'international, les officiers de police judiciaire et, sur l'ordre et sous la responsabilité de ceux-ci, les agents de police judiciaire et les agents de police judiciaire adjoints mentionnés aux 1°, 1° *bis* et 1° *ter* de l'article 21 du Code de procédure pénale peuvent procéder à la visite des personnes, des bagages, du fret, des colis postaux, des aéronefs et des véhicules pénétrant ou se trouvant dans les zones non librement accessibles au public des aérodromes et de leurs dépendances. Les officiers de police judiciaire peuvent également faire procéder à cette visite sous leurs ordres par des agents de nationalité française ou ressortissants d'un État membre de la Communauté européenne, que les entreprises de transport aérien ou les gestionnaires d'aérodromes ont désignés ou fait désigner par des entreprises liées par un contrat de louage de services pour cette tâche. Ces agents doivent être préalablement agréés par le représentant de l'État dans le département et le procureur de la République. En ce qui concerne la visite des bagages à main, ils procèdent à leur inspection visuelle et, avec le consentement de leur propriétaire, à leur fouille. En ce qui concerne la visite des personnes, leur intervention porte sur la mise en œuvre des dispositifs de contrôle. Avec le consentement de la personne, ils peuvent procéder à des palpations de sécurité. Dans ce cas, la palpation de sécurité doit être faite par une personne du même sexe que la personne qui en fait l'objet. Les agréments prévus au précédent alinéa sont refusés ou retirés lorsque la moralité de la personne ou son comportement apparaissent incompatibles avec l'exercice des missions susmentionnées. L'agrément ne peut être retiré par le représentant de l'État dans le département ou par le procureur de la République qu'après que l'intéressé a été mis en mesure de présenter ses observations. Il peut faire l'objet d'une suspension immédiate en cas d'urgence. Les agents des douanes peuvent, dans le même but et dans les mêmes lieux, procéder à la visite des bagages de soute, du fret, des colis postaux, des aéronefs et des véhicules en régime international. Ils peuvent y faire procéder sous leurs ordres par des agents désignés dans les conditions fixées aux deux alinéas précédents.

« Un décret en Conseil d'État fixe les conditions d'application du présent article. »

L'article 26 de la LSQ modifiant l'article L. 323-5 du Code des ports maritimes est rédigé de manière identique.

**Dans les usines.** – Premier secteur d'activité des entreprises de gardiennage à leur création, c'est, sans nul doute, l'image du « veilleur de nuit » qui marque l'imagination populaire.

Ce gardiennage a évolué sous l'impulsion de la loi du 12 juillet 1983 et de la convention collective nationale des entreprises de prévention et de sécurité, signée le 15 février 1985 et étendue par arrêté le 25 juillet 1985. Les experts estiment cependant que près d'un cinquième des entreprises de gardiennage n'appliquent pas complètement la loi.

Déjà, le 15 novembre 1982, un arrêté avait étendu l'accord national sur la durée du travail du 9 juin 1982 (suppression progressive du régime d'équivalences horaires – les gardiens étant rémunérés en *heures de présence* et non en *heures de travail* –, 54 heures de présence d'un gardien correspondant à 40 heures de travail d'un ouvrier).

**Dans les immeubles de bureau.** – La prolifération de grands ensembles immobiliers de bureau a généré l'apparition de nouveaux métiers liés d'une part à l'activité même de ces entreprises (service d'accueil, hôtesses, huissiers...), d'autre part à la réglementation contre l'incendie (service de sécurité incendie des immeubles de grande hauteur – arrêté du 31 mai 1978). Il n'est pas rare que, pour des raisons budgétaires, des professions mixtes naissent (entretien-maintenance-accueil-sûreté ou sécurité cumulées sur de mêmes postes).

**Dans les centres commerciaux.** – Premiers confrontés aux bandes organisées de jeunes, les centres commerciaux ont été les balises du développement périurbain du pays. En première ligne, ils ont vu évoluer la délinquance et ont subi les opérations de razzia ou de « dépouille » à l'encontre de leurs produits, notamment alcoolisés, ou encore de leurs clients et de leurs véhicules. Ils ont rapidement mis en place des dispositifs lourds, à la fois technologiques contre la démarque inconnue et l'effraction des véhicules en stationnement, et humains, assurant la présence et la visibilité de personnels de sûreté pour reprendre le contrôle des espaces et galeries marchandes. Pour un grand groupe d'une centaine d'hypermarchés, on compte plus de 1 500 agents de sécurité en interne complétés d'agents de sociétés de gardiennage.

**Dans les HLM.** – Longtemps réticents à prendre en compte la dimension de la sûreté, à la fois pour des motifs liés à l'interprétation de l'article 1719 du Code civil sur la « jouissance paisible » et parce qu'ils estimaient que l'État devait assumer ses responsabilités, les offices et SA HLM ont dû peu à peu mettre en place des dispositifs passifs (grilles, serrures et portes renforcées, interphones, vidéo-portiers) puis des équipes de gardiennage et de surveillance dans les sites les plus sensibles.

Ultérieurement, des dispositifs de présence s'appuieront sur les régies de quartier ou les emplois jeunes.

Parmi les 65 000 agents des HLM, environ 200 postes d'ALMS ont été créés. Mais plus des deux tiers des personnels sont désormais des agents de terrain alors que le ratio était exactement inverse il y a vingt ans. Par contre, plus de 3 000 emplois jeunes sur les secteurs non sécuritaires ont été créés dans le secteur du logement social.

**Dans les transports publics.** – Confrontés à la poussée de la fraude et de l'occupation illicite des espaces, les réseaux de transports publics, après avoir opté pour une politique d'exploitation ayant pour objectif d'accélérer les rythmes de desserte et de faciliter l'accès aux véhicules (augmentation de la taille des bus, du nombre de portes, suppression des sens de montée et de descente obligatoire...), ont dû modifier cette approche.

Si la SNCF et la RATP ont développé des services internes importants, complétés de gardiens privés pour certains dépôts ou gares isolées, les autres transporteurs, quel que soit leur statut, ont mis en place des équipes renforcées de contrôleurs et d'agents d'accompagnement, aidés par des emplois jeunes de type « AMIS » ou « Grands Frères ».

Plus de 1 200 agents sont en charge de l'accompagnement ou de la sécurité dans les transports publics concédés.

**Le problème des conducteurs de chiens.** – Il est difficile, voire impossible, de déterminer le nombre, même approximatif, de conducteurs de chiens (on les estime à environ 5 000). En effet, depuis quelques années, les agents assurant ces services sont le plus souvent des travailleurs indépendants. Ceux-ci sous-traitent les sociétés de gardiennage et de surveillance. Ce facteur est dû aux rémunérations très faibles de ces qualifications (en interne) et à la limitation de la durée du travail.

**Le reclassement des fonctionnaires de police et de gendarmerie.** – De très nombreux fonctionnaires de police et de gendarmerie se sont réinsérés après leur retraite (et dans certains cas avant....) dans le secteur privé. Beaucoup dans le secteur du gardiennage, mais également comme responsables de services d' « intelligence économique » ou de groupes de conseil[1].

S'il paraît légitime de considérer que l'expérience des professionnels de la sécurité puisse trouver une utilisation heureuse dans le secteur privé, certaines dérives et ratés déontologiques ont pu assombrir le tableau.

Mais l'emploi de ces anciens fonctionnaires dans les sociétés de gardiennage a eu souvent pour effet de tasser les rémunérations vers le bas. En effet, ce personnel est souvent à la recherche d'un salaire de complément à une retraite ou une pension et se contente de « peu ».

1. Voir *Le Canard enchaîné*, 15 décembre 1999.

**La réforme attendue de la loi de 1983.** – Adoptée après l'altercation entre des vigiles et des SDF qui avaient vu la mort d'un de ceux-ci au Forum des Halles, suivie de la « libération » d'une laiterie occupée par ses salariés, par du personnel d'une entreprise de gardiennage, la loi de 1983 avait pour objet essentiel de moraliser une profession dont l'image était particulièrement mauvaise.

La réforme présentée en mai 2000 par le ministère de l'Intérieur vise à renforcer les conditions d'exercice des professions de la sécurité privée. Mais, pas plus qu'en 1983, les modalités permettant la réalité d'un contrôle efficace ne sont abordées. Au-delà des intentions, la surcharge des préfectures et les délais nécessaires à la simple vérification du casier judiciaire d'un agent pourraient lui permettre, à raison de trois à six mois par entreprise de gardiennage, d'attendre plus d'un siècle (à surface constante) pour être interdit d'exercice.

Curieusement, le projet interdit les prestations visant à « prévenir les crimes, délits et contraventions », marquant ici clairement la frontière entre la police administrative et la protection des personnes et des biens, mais dans une rédaction incertaine.

Les agents ne pourront procéder ni à des fouilles ni à des palpations de sécurité, procéder à des fouilles de bagages ou réclamer une pièce d'identité, sauf autorisation de la personne concernée. Seuls certains agents pourront être armés (transports de fonds notamment) selon une liste déterminée par décret en Conseil d'État.

Les professions privées seront désormais sous la surveillance de la Police et de la Gendarmerie qui pourront procéder à des contrôles. Les services internes de la RATP et de la SNCF font l'objet de mesures particulières (voir partie consacrée à ces services).

Il sera totalement interdit pour une même entreprise d'exercer d'autres missions (nettoyage, par exemple), alors que ces apparentements étaient fréquents dans les années 1990. Cette disposition était déjà incluse dans la loi de 1983, mais son respect restait relatif. Se pose également en parallèle la question de la gestion de services de sécurité incendie (qui échappent à la réglementation) et qui peut être assurée par n'importe quel type d'entreprise (gestionnaire immobilier, société de *facility management,* entreprise de maintenance...).

On reste cependant circonspect sur les moyens prévus pour appliquer la loi, notamment en ce qui concerne la création d'un fichier national pour les salariés ou employeurs interdits d'exercice.

## Les détectives privés[1]

Une réforme de la profession a fait l'objet d'un projet de loi en mai 2000. Pour la première fois, le champ des « activités de recherche privée » est précisé.

Les Agents privés de recherches (APR) ne disposent d'aucun pouvoir de police et d'aucun agrément ministériel, mais ils doivent déposer une déclaration préalable et justifier de certaines obligations (non-condamnation, obligation de nationalité européenne, obligation d'autorisation écrite du ministère de l'Intérieur pour les anciens fonctionnaires de police).

Les anciens personnels de la gendarmerie non visés antérieurement seront soumis aux mêmes règles en cas d'adoption du projet de texte présenté par le gouvernement en mai 2000.

1. Voir, sur ce sujet, l'excellent ouvrage de Dominique Kalifa, *Naissance de la police privée,* Plon, 2000.

Les APR doivent disposer d'une carte professionnelle qui ne peut être confondue avec une carte officielle ni porter la bande tricolore.

Il n'est pas prévu qu'ils puissent être armés.

Une filière universitaire permet, à Melun, de préparer un diplôme professionnel de détective.

La profession se réoriente de plus en plus vers l'intelligence économique et le renseignement commercial.

On compte, à ce jour, près de 3 000 agences d'enquêtes privées en France réalisant un chiffre d'affaires de plus de 150 millions d'euros.

## Les agents de protection rapprochée
## (gardes du corps)

Aujourd'hui, la part « gardes du corps » est très relative dans les prestations d'entreprises qui, pour la plupart, assurent des services de protection de concerts (qui n'entrent pas normalement dans le cadre de leurs activités – si ce n'est la protection de la vedette) ou de manifestations culturelles, sportives ou autres. D'autre part, le fait que ces agents puissent travailler en civil (les agents des entreprises de gardiennage et de surveillance devant être en tenue disposant de deux insignes distinctifs signalant leur appartenance à un service de sécurité privée) génère sur le marché des demandes qui s'apparentent plus à des gardiens « haut de gamme ».

## Les gardes particuliers

Dans le nouveau Code de procédure pénale (art. 29), les gardes particuliers assermentés peuvent constater par procès-verbal tous délits et contraventions aux propriétés dont ils ont la garde. En 1963, le ministère de l'Intérieur, malgré de nombreuses critiques des juristes, a admis la présence de gardes particuliers pour des Offices HLM ou groupes de gestion de patrimoine immobilier. Cependant, l'essentiel de l'activité est concentrée sur la chasse, la pêche et les forêts. Ils n'ont par ailleurs aucune compétence en matière de circulation.

## Le transport de fonds

Le secteur regroupe environ 8 000 salariés au sein d'une quinzaine d'entreprises, le niveau de concentration s'étant accéléré au cours des dernières années.

Outre les transports par véhicules blindés avec des convoyeurs armés, les textes en vigueur prévoient la possibilité de convoyage par véhicules banalisés équipés de dispositifs agréés par l'État (comme les conteneurs maculant les billets de type Axytrans) sous la responsabilité d'un seul agent non armé. Jusqu'à présent, seules des expérimentations avaient été menées depuis 1991.

Ce dispositif représente environ 10 % de l'activité du secteur, mais n'a pas été épargné par les tentatives de vol.

Mais la recrudescence des attaques contre les véhicules, blindés ou banalisés, crée les conditions d'un mouvement social fort après la mort d'un convoyeur le 5 mai 2000 à Nanterre. Depuis 1995, plus d'une douzaine d'agents ont été tués et plusieurs dizaines attaqués ou blessés, dans des véhicules, lors du ravitaillement de distributeurs de billets ou dans les centres de tri et de logistique.

Il est à noter que les attaques contre les sociétés de

transport de fonds suivent une courbe ascendante depuis 1995. Les mêmes phénomènes se font sentir contre les banques, les distributeurs de billets isolés ou les centres commerciaux, les agresseurs se contentant de sommes moins importantes lors d'attaques plus fréquentes.

Plusieurs textes réglementaires publiés en 2000 ont imposé des mesures de mise en sûreté des accès aux banques et établissements commerciaux. Les délais de mise en conformité (fin 2002) ne pourront être tenus, et diverses demandes, émanant notamment des banques, ont été émises pour décaler la limite ou modifier les textes[1].

## Les sociétés d'audit et de conseil

Nouvelles arrivées dans le secteur de la sécurité privée, les sociétés d'audit et de conseil se sont développées depuis le début des années 1990. Pour la plupart dirigées par d'anciens policiers, gendarmes ou militaires, elles sont en voie de concentration et d'internationalisation depuis l'arrivée de grands groupes d'audit sur ce secteur.

La plupart de ces entreprises fonctionnent de manière transparente et n'analysent que des renseignements disponibles. Il arrive toutefois que certains cabinets, notamment étrangers, mais pas toujours, utilisent des moyens attentatoires aux libertés individuelles (filatures, écoutes, ouverture du courrier) sévèrement sanctionnés par les tribunaux.

1. Ce qui a été obtenu en août 2002.

# CONCLUSION

L'expansion des sociétés de sécurité privée en France, les débats sur la place de la Police nationale (et accessoirement de la Gendarmerie nationale), l'implantation de forces autonomes de sécurité dans certaines entreprises publiques, la résurgence des polices municipales : tout cela démontre que l'exercice des missions de sécurité, y compris sur les espaces publics, est devenu pluriel en France. S'il est naturel de pallier les carences de l'État dans ce qu'il ne sait pas ou plus faire, le marché ne peut à lui seul définir des règles déontologiques et éthiques qui lui feraient, par nature, remplacer le service public. Si l'on a construit beaucoup de mythes sur la réalité de la sécurité publique en France, il serait inconvenant de faire table rase des spécificités nationales. La mise en place d'une police de proximité démontre à quel point il est nécessaire de fixer les termes des enjeux politiques véritables que les confrontations techniques d'experts n'éclairent pas toujours. Il s'agit, en effet, moins d'améliorer l'activité et la présence de la Police nationale que de mettre en place les mesures permettant son sauvetage.

Pour aider à la réflexion et participer à ce sauvetage, nous avançons quelques idées relativement simples ou pistes de travail raisonnables :

1 / Désamorcer la machine infernale qui, par la combinaison de départs à la retraite massifs, par l'augmentation brutale des départs par anticipation, et par les effets pervers des récupérations d'heures sup-

plémentaires non payées, met en péril la structure policière elle-même.

2 / Ne pas rendre inextricable une situation déjà complexe en termes de présence policière sur le terrain. La fidélisation des CRS et des gendarmes mobiles semble une très bonne mesure.... si le choix se limite entre ce mouvement et le statu quo.

Mais il est vrai qu'il faudrait alors résoudre, en même temps, des revendications aussi anciennes que justifiées :

– créer enfin les postes de personnels administratifs ;
– créer une police pénitentiaire, en charge des transferts de détenus, de la garde des palais de justice et de la surveillance des détenus hospitalisés.

3 / Gérer la mutation de la pratique judiciaire, en prenant en considération la fin du système français qui donnait à l'aveu la place prépondérante.

Les policiers n'ont pas vocation à maîtriser la procédure judiciaire mieux que les magistrats. Par les effets cumulés de la déflation du corps des commissaires et des officiers, pour des raisons comptables ou de re-pyramidage des carrières, une pénurie des officiers de police judiciaire (OPJ) se fait sentir.

Mais la pénurie touche également la direction des services de police par manque de commissaires disponibles.

4 / Reconnaître les réalités géographiques du pays. L'univers rurbain s'étend, et transfère des modes de vie et de délinquance nouveaux. Les bassins de délinquance ignorent les frontières administratives et le capharnaüm territorial et de compétences français.

Le ministère de l'Intérieur a engagé une loi en faveur des agglomérations. Pourquoi ne pas aller jusqu'au bout et assurer la déconcentration de la Police nationale, son adéquation avec les réalités urbaines, la prise en compte de la réalité des bassins de délinquance, plus proches des cartes des transports publics que de celle des services administratifs ?

L'État a le choix entre faire évoluer la Police nationale ou la laisser disparaître.

Si des organisations syndicales ont su dépasser les revendications catégorielles, elles ne sont que rarement payées de retour. La réflexion extérieure a du mal à être reconnue ou acceptée, même si des espaces de dialogues apparaissent, notamment à l'IHESI.

La Police nationale est trop importante pour que l'on assiste impuissant à une agonie inéluctable sous l'œil de doctes médecins faussement apitoyés. D'autres thérapies existent. Il est possible de réaliser cette véritable coproduction de la sécurité annoncée depuis le rapport Le Roux.

Pour la République, il est plus que temps de transformer la police d'État en une véritable Police nationale.

# ANNEXE

Effectifs des policiers de la DCSP
par circonscription et ratios (au 1er janvier 2002)
(source : ministère de l'Intérieur)

| Département | Circonscription | Population | Effectifs | ADS | Ratio |
|---|---|---|---|---|---|
| 01 | Bourg-en-Bresse | 43 008 | 74 | 15 | 483,2 |
| | Oyonnax | 24 636 | 42 | 4 | 535,6 |
| 02 | Château-Thierry | 15 729 | 39 | 15 | 291,3 |
| | Laon | 30 838 | 63 | 23 | 358,6 |
| | Saint-Quentin | 70 007 | 113 | 35 | 473,0 |
| | Soissons | 39 766 | 60 | 27 | 457,1 |
| | Tergnier | 24 337 | 36 | 10 | 529,1 |
| 03 | Montluçon | 70 135 | 120 | 24 | 487,0 |
| | Moulins | 22 667 | 57 | 17 | 306,3 |
| | Vichy | 49 734 | 76 | 23 | 502,4 |
| 04 | Digne | 17 680 | 48 | 11 | 299,7 |
| | Manosque | 20 309 | 44 | 12 | 362,7 |
| 05 | Briançon | 11 287 | 38 | 8 | 245,4 |
| | Gap | 38 612 | 54 | 11 | 594,0 |
| 06 | Antibes | 99 314 | 158 | 40 | 501,6 |
| | Cagnes | 88 643 | 115 | 25 | 633,2 |
| | Cannes | 110 706 | 198 | 30 | 485,6 |
| | Grasse | 44 790 | 91 | 29 | 373,3 |
| | Menton | 54 108 | 72 | 17 | 608,0 |
| | Nice | 345 892 | 645 | 129 | 446,9 |
| | Villefranche-sur-Mer | 6 877 | 38 | 9 | 146,3 |
| 07 | Annonay | 18 233 | 39 | 9 | 379,9 |
| | Aubenas | 18 981 | 41 | 11 | 365,0 |
| | Le Teil | 8 295 | 31 | 3 | 244,0 |
| | Privas | 14 325 | 34 | 6 | 358,1 |

Effectifs affectés aux circonscriptions de sécurité publique ne tenant pas compte des personnels affectés au niveau départemental. Par ailleurs, les comparaisons doivent être effectuées avec précaution. En effet, la population ne prend en compte que les résidants permanents, pas les touristes, étudiants, travailleurs, etc. Des effets de déflation et d'inflation, quotidiennes ou estivales, sont également à prendre en compte.

| Département | Circonscription | Population | Effectifs | ADS | Ratio |
|---|---|---|---|---|---|
| | Tournon | 14 158 | 32 | 5 | 382,6 |
| 08 | Charleville-Mézières | 67 868 | 95 | 26 | 560,9 |
| | Sedan | 25 815 | 46 | 15 | 423,2 |
| 09 | Foix | 9 708 | 46 | 13 | 164,5 |
| | Pamiers | 15 013 | 41 | 10 | 294,4 |
| 10 | Romilly | 16 004 | 36 | 3 | 410,4 |
| | Troyes | 116 942 | 173 | 53 | 517,4 |
| 11 | Carcassonne | 46 216 | 91 | 32 | 375,7 |
| | Castelnaudary | 11 613 | 40 | 2 | 276,5 |
| | Limoux | 10 169 | 37 | 4 | 248,0 |
| | Narbonne | 48 020 | 101 | 25 | 381,1 |
| 12 | Decazeville | 15 241 | 42 | 10 | 293,1 |
| | Millau | 22 280 | 40 | 10 | 445,6 |
| | Rodez | 26 367 | 56 | 12 | 387,8 |
| | Villefranche-de-Rouergue | 13 078 | 33 | 8 | 319,0 |
| 13 | Aix-en-Provence | 137 087 | 270 | 70 | 403,2 |
| | Arles | 51 614 | 89 | 33 | 423,1 |
| | Aubagne | 49 118 | 75 | 20 | 517,0 |
| | Chateaurenard | 13 131 | 38 | 9 | 279,4 |
| | Istres | 68 844 | 106 | 32 | 498,9 |
| | La Ciotat | 31 923 | 60 | 16 | 420,0 |
| | Marignanne | 50 355 | 76 | 24 | 503,6 |
| | Marseille | 807 071 | 2 458 | 594 | 264,4 |
| | Martigues | 87 409 | 141 | 43 | 475,0 |
| | Port-Saint-Louis | 8 207 | 34 | 14 | 171,0 |
| | Salon | 38 137 | 80 | 23 | 370,3 |
| | Tarascon | 12 991 | 48 | 17 | 199,9 |
| | Vitrolles | 56 334 | 91 | 40 | 430,0 |
| 14 | Caen | 183 913 | 351 | 91 | 416,1 |
| | Dives | 11 442 | 37 | 8 | 254,3 |
| | Honfleur | 12 994 | 34 | 8 | 309,4 |
| | Lisieux | 27 813 | 47 | 15 | 448,6 |
| | Trouville/Deauville | 17 285 | 54 | 15 | 250,5 |
| | Vire | 17 914 | 36 | 3 | 459,3 |
| 15 | Aurillac | 38 517 | 68 | 12 | 481,5 |
| 16 | Angoulême | 86 354 | 125 | 37 | 533,0 |
| | Cognac | 23 967 | 44 | 7 | 469,9 |
| 17 | La Rochelle | 87 969 | 155 | 40 | 451,1 |
| | Rochefort | 34 408 | 57 | 14 | 484,6 |
| | Royan | 30 085 | 53 | 18 | 423,7 |
| | Saint-Jean-d'Angély | 8 385 | 37 | 2 | 215,0 |
| | Saintes | 27 723 | 49 | 11 | 462,1 |

| Dépar- tement | Circons- cription | Popula- tion | Effec- tifs | ADS | Ratio |
|---|---|---|---|---|---|
| 18 | Bourges | 85 388 | 126 | 33 | 537,0 |
| | Saint-Amand-Montrond | 13 984 | 37 | 6 | 325,2 |
| | Vierzon | 30 743 | 52 | 16 | 452,1 |
| 19 | Brive-la-Gaillarde | 51 586 | 84 | 28 | 460,6 |
| | Tulle | 16 906 | 46 | 14 | 281,8 |
| | Ussel | 11 316 | 34 | 4 | 297,8 |
| 2A | Ajaccio | 54 697 | 144 | 32 | 310,8 |
| 2B | Bastia | 46 070 | 165 | 52 | 212,3 |
| 21 | Beaune | 22 916 | 38 | 7 | 509,2 |
| | Dijon | 200 951 | 335 | 74 | 491,3 |
| 22 | Dinan | 11 833 | 40 | 6 | 257,2 |
| | Guingamp | 8 830 | 42 | 6 | 184,0 |
| | Lannion | 19 351 | 42 | 5 | 411,7 |
| | Saint-Brieuc | 48 895 | 101 | 24 | 391,2 |
| 23 | Guéret | 15 286 | 51 | 17 | 224,8 |
| 24 | Bergerac | 29 507 | 51 | 11 | 475,9 |
| | Périgueux | 56 837 | 109 | 33 | 400,3 |
| | Sarlat | 10 423 | 33 | 8 | 254,2 |
| 25 | Besançon | 122 308 | 220 | 46 | 459,8 |
| | Montbéliard | 79 588 | 169 | 39 | 382,6 |
| | Pontarlier | 19 321 | 37 | 8 | 429,4 |
| 26 | Montélimar | 33 858 | 59 | 13 | 470,3 |
| | Pierrelatte | 19 822 | 38 | 5 | 461,0 |
| | Romans | 43 745 | 75 | 16 | 480,7 |
| | Valence | 96 358 | 180 | 64 | 394,9 |
| 27 | Bernay | 13 000 | 38 | 5 | 302,3 |
| | Évreux | 57 788 | 110 | 27 | 421,8 |
| | Louviers | 21 107 | 34 | 11 | 469,0 |
| | Vernon | 33 048 | 56 | 21 | 429,2 |
| 28 | Chartres | 87 859 | 135 | 31 | 529,3 |
| | Dreux | 46 092 | 122 | 29 | 305,2 |
| 29 | Brest | 171 358 | 298 | 74 | 460,6 |
| | Concarneau | 20 021 | 39 | 10 | 408,6 |
| | Douarnenez | 16 330 | 34 | 8 | 388,8 |
| | Morlaix | 16 978 | 41 | 13 | 314,4 |
| | Quimper | 67 127 | 105 | 31 | 493,6 |
| 30 | Alès | 46 691 | 90 | 20 | 424,5 |
| | Bagnols-sur-Cèze | 18 651 | 42 | 8 | 373,0 |
| | Beaucaire | 13 940 | 35 | 6 | 340,0 |
| | Nîmes | 137 740 | 289 | 55 | 400,4 |
| | Villeneuve-lès-Avignon | 19 832 | 37 | 3 | 495,8 |
| 31 | Saint-Gaudens | 13 299 | 46 | 4 | 266,0 |

| Dépar-tement | Circons-cription | Popula-tion | Effec-tifs | ADS | Ratio |
|---|---|---|---|---|---|
| | Toulouse | 427 411 | 984 | 226 | 353,2 |
| 32 | Auch | 23 501 | 53 | 14 | 350,8 |
| 33 | Arcachon | 35 673 | 62 | 10 | 495,5 |
| | Bordeaux | 550 878 | 1 243 | 242 | 371,0 |
| | Libourne | 22 457 | 57 | 10 | 335,2 |
| 34 | Agde | 20 303 | 51 | 22 | 278,1 |
| | Béziers | 71 428 | 164 | 34 | 360,7 |
| | Montpellier | 234 501 | 478 | 123 | 390,2 |
| | Pézenas | 7 778 | 42 | 1 | 180,9 |
| | Sète | 59 513 | 125 | 29 | 386,4 |
| 35 | Fougères | 22 819 | 36 | 8 | 518,6 |
| | Rennes | 212 494 | 291 | 80 | 572,8 |
| | Saint-Malo | 65 904 | 90 | 20 | 599,1 |
| 36 | Châteauroux | 61 112 | 115 | 41 | 391,7 |
| | Issoudun | 14 166 | 34 | 3 | 382,9 |
| 37 | Tours | 229 858 | 348 | 92 | 522,4 |
| 38 | Bourgoin-Jallieu | 23 517 | 48 | 10 | 405,5 |
| | Grenoble | 260 790 | 291 | 91 | 682,7 |
| | Vienne | 35 879 | 76 | 5 | 443,0 |
| | Voiron | 20 442 | 43 | 8 | 400,8 |
| 39 | Dole | 26 015 | 52 | 17 | 377,0 |
| | Lons-le-Saunier | 23 515 | 56 | 14 | 335,9 |
| | Saint-Claude | 12 798 | 36 | 5 | 312,1 |
| 40 | Dax | 31 270 | 58 | 12 | 446,7 |
| | Mont-de-Marsan | 39 752 | 67 | 22 | 446,7 |
| 41 | Blois | 59 414 | 100 | 23 | 483,0 |
| | Romorantin-Lantenay | 19 077 | 35 | 4 | 489,2 |
| | Vendôme | 21 641 | 33 | 4 | 584,9 |
| 42 | Firminy | 31 958 | 53 | 13 | 484,2 |
| | Le Chambon-Feugerolles | 22 709 | 55 | 13 | 334,0 |
| | Montbrison | 17 758 | 40 | 6 | 386,0 |
| | Rive-de-Gier | 32 629 | 51 | 11 | 526,3 |
| | Roanne | 68 203 | 113 | 29 | 480,3 |
| | Saint-Chamond | 42 613 | 68 | 13 | 526,1 |
| | Saint-Étienne | 226 959 | 455 | 117 | 396,8 |
| 43 | Le Puy | 34 235 | 57 | 13 | 489,1 |
| 44 | La Baule | 31 769 | 50 | 10 | 529,5 |
| | Nantes | 383 223 | 679 | 127 | 475,5 |
| | Saint-Nazaire | 68 616 | 130 | 23 | 448,5 |
| 45 | Montargis | 49 247 | 69 | 16 | 579,4 |
| | Orléans | 242 303 | 345 | 61 | 596,8 |
| 46 | Cahors | 25 891 | 63 | 18 | 319,6 |

| Dépar-tement | Circons-cription | Popula-tion | Effec-tifs | ADS | Ratio |
|---|---|---|---|---|---|
| | Figeac | 10 482 | 35 | 7 | 249,6 |
| 47 | Agen | 41 209 | 80 | 25 | 392,5 |
| | Marmande | 18 103 | 38 | 10 | 377,1 |
| | Villeneuve-sur-Lot | 24 134 | 46 | 10 | 431,0 |
| 48 | Mende | 13 103 | 43 | 8 | 256,9 |
| 49 | Angers | 203 019 | 276 | 62 | 600,6 |
| | Cholet | 56 320 | 75 | 15 | 625,8 |
| | Saumur | 31 700 | 42 | 16 | 546,6 |
| 50 | Avranches | 9 226 | 33 | 4 | 249,4 |
| | Cherbourg | 91 717 | 152 | 34 | 493,1 |
| | Coutances | 11 809 | 35 | 5 | 295,2 |
| | Granville | 16 926 | 36 | 7 | 393,6 |
| | Saint-Lô | 27 489 | 46 | 13 | 465,9 |
| 51 | Châlons-en-Champagne | 67 047 | 108 | 35 | 468,9 |
| | Épernay | 37 902 | 52 | 23 | 505,4 |
| | Reims | 217 578 | 327 | 77 | 538,6 |
| 52 | Chaumont | 29 605 | 56 | 18 | 400,1 |
| | Saint-Dizier | 37 490 | 61 | 18 | 474,6 |
| 53 | Laval | 54 379 | 84 | 26 | 494,4 |
| | Mayenne | 14 627 | 34 | 7 | 356,8 |
| 54 | Briey | 8 383 | 34 | 5 | 214,9 |
| | Conflans-en-Jarnisy | 19 385 | 33 | 8 | 472,8 |
| | Dombasle | 20 993 | 35 | 9 | 477,1 |
| | Jœuf | 17 285 | 35 | 7 | 411,5 |
| | Longwy | 40 950 | 71 | 14 | 481,8 |
| | Lunéville | 24 011 | 38 | 18 | 428,8 |
| | Nancy | 230 426 | 381 | 82 | 497,7 |
| | Neuves-Maison | 22 008 | 35 | 9 | 500,2 |
| | Pont-à-Mousson | 22 466 | 36 | 20 | 401,2 |
| | Toul | 23 449 | 42 | 8 | 469,0 |
| | Villerupt | 19 019 | 33 | 5 | 500,5 |
| 55 | Bar-le-Duc | 22 714 | 54 | 16 | 324,5 |
| | Commercy | 9 884 | 35 | 5 | 247,1 |
| | Verdun | 28 469 | 52 | 21 | 390,0 |
| 56 | Lorient | 126 751 | 204 | 46 | 507,0 |
| | Pontivy | 15 044 | 39 | 6 | 334,3 |
| | Vannes | 54 773 | 204 | 46 | 219,1 |
| 57 | Forbach | 43 390 | 84 | 17 | 429,6 |
| | Freyming-Merlebach | 52 857 | 96 | 16 | 471,9 |
| | Hagondange | 28 931 | 45 | 10 | 526,0 |
| | Metz | 182 051 | 301 | 47 | 523,1 |
| | Moyeuvre-Grande | 15 872 | 40 | 3 | 369,1 |

| Département | Circonscription | Population | Effectifs | ADS | Ratio |
|---|---|---|---|---|---|
| | Sarrebourg | 18 162 | 38 | 7 | 403,6 |
| | Sarreguemines | 23 774 | 47 | 10 | 417,1 |
| | Thionville | 102 825 | 163 | 22 | 555,8 |
| 58 | Cosne-Cours-sur-Loire | 11 834 | 36 | 9 | 263,0 |
| | Nevers | 43 082 | 81 | 21 | 422,4 |
| 59 | Aniche | 23 963 | 39 | 8 | 509,9 |
| | Armentières | 49 521 | 76 | 19 | 521,3 |
| | Aulnoye-Aymeries | 20 139 | 36 | 7 | 468,3 |
| | Bailleul | 14 415 | 37 | 10 | 306,7 |
| | Cambrai | 42 764 | 79 | 21 | 427,6 |
| | Caudry | 17 523 | 41 | 9 | 350,5 |
| | Condé-sur-Escaut | 31 129 | 54 | 15 | 451,1 |
| | Denain-Escaudain | 78 003 | 126 | 28 | 506,5 |
| | Douai | 138 610 | 256 | 59 | 440,0 |
| | Dunkerque | 168 928 | 306 | 73 | 445,7 |
| | Fourmies | 19 486 | 40 | 10 | 389,7 |
| | Gravelines | 25 452 | 37 | 5 | 606,0 |
| | Hazebrouck | 22 114 | 39 | 10 | 451,3 |
| | Jeumont | 19 681 | 38 | 10 | 410,0 |
| | Lille | 570 694 | 1 353 | 268 | 352,1 |
| | Maubeuge | 80 092 | 153 | 40 | 415,0 |
| | Roubaix | 228 852 | 448 | 100 | 417,6 |
| | Saint-Amand-les-Eaux | 20 542 | 39 | 10 | 419,2 |
| | Somain-Pecquenc. | 43 766 | 63 | 13 | 575,9 |
| | Tourcoing | 188 308 | 345 | 87 | 435,9 |
| | Valenciennes | 174 966 | 314 | 79 | 445,2 |
| 60 | Beauvais | 57 355 | 139 | 41 | 318,6 |
| | Compiègne | 52 974 | 84 | 22 | 499,8 |
| | Creil | 69 806 | 123 | 42 | 423,1 |
| 61 | Alençon | 38 384 | 65 | 13 | 492,1 |
| | Argentan | 17 448 | 41 | 5 | 379,3 |
| | Flers | 24 012 | 36 | 6 | 571,7 |
| 62 | Arras | 74 370 | 200 | 41 | 308,6 |
| | Auchel | 19 215 | 45 | 6 | 376,8 |
| | Avion | 51 297 | 63 | 15 | 657,7 |
| | Barlin | 11 520 | 39 | 4 | 267,9 |
| | Berck | 18 833 | 41 | 8 | 384,3 |
| | Béthune | 100 916 | 176 | 46 | 454,6 |
| | Boulogne-sur-Mer | 91 223 | 186 | 45 | 394,9 |
| | Bruay-la-Bussière | 31 605 | 52 | 14 | 478,9 |
| | Calais | 90 763 | 183 | 31 | 424,1 |
| | Calonne-Ricquart | 7 637 | 37 | 2 | 195,8 |

| Dépar-<br>tement | Circons-<br>cription | Popula-<br>tion | Effec-<br>tifs | ADS | Ratio |
|---|---|---|---|---|---|
| | Divion | 16 183 | 34 | 6 | 404,6 |
| | Lens | 313 536 | 509 | 120 | 498,5 |
| | Lillers | 9 892 | 36 | 2 | 260,3 |
| | Le Touquet | 5 640 | 37 | 9 | 122,6 |
| | Marles-les-Mines | 17 283 | 35 | 3 | 454,8 |
| | Nœux-les-Mines | 18 204 | 36 | 6 | 433,4 |
| | Saint-Omer | 52 124 | 83 | 9 | 566,6 |
| 63 | Clermont-Ferrand | 195 838 | 270 | 57 | 598,9 |
| | Issoire | 14 778 | 38 | 5 | 343,7 |
| | Riom | 28 602 | 49 | 5 | 529,7 |
| | Thiers | 13 950 | 35 | 5 | 348,8 |
| 64 | Bayonne | 78 520 | 167 | 42 | 375,7 |
| | Biarritz | 30 739 | 62 | 11 | 421,1 |
| | Mourenx | 7 672 | 36 | 5 | 187,1 |
| | Oloron | 12 978 | 36 | 6 | 309,0 |
| | Pau | 122 286 | 226 | 53 | 438,3 |
| | Saint-Jean-de-Luz | 41 066 | 71 | 21 | 446,4 |
| 65 | Lourdes | 15 679 | 66 | 12 | 201,0 |
| | Tarbes | 75 459 | 131 | 38 | 446,5 |
| 66 | Perpignan | 107 241 | 247 | 72 | 336,2 |
| | Sélestat | 17 514 | 38 | 6 | 398,0 |
| | Strasbourg | 367 900 | 746 | 76 | 447,6 |
| 67 | Colmar | 67 163 | 113 | 34 | 456,9 |
| | Guebwiller | 11 883 | 35 | 6 | 289,8 |
| | Mulhouse | 138 064 | 248 | 58 | 451,2 |
| | Saint-Louis | 26 481 | 47 | 6 | 499,6 |
| | Wittenheim-Wittels. | 27 257 | 44 | 17 | 446,8 |
| 69 | Givors | 26 514 | 55 | 16 | 373,4 |
| | Lyon | 929 469 | 1 541 | 282 | 509,9 |
| | Tarare | 10 638 | 35 | 5 | 266,0 |
| | Villefranche-sur-Saône | 31 213 | 62 | 15 | 405,4 |
| 70 | Héricourt | 10 433 | 35 | 6 | 254,5 |
| | Lure | 9 143 | 35 | 8 | 212,6 |
| | Vesoul | 18 882 | 46 | 17 | 299,7 |
| 71 | Autun | 18 569 | 35 | 8 | 431,8 |
| | Chalon-sur-Saône | 52 260 | 103 | 20 | 424,9 |
| | Le Creusot | 26 758 | 45 | 14 | 453,5 |
| | Mâcon | 43 170 | 74 | 24 | 440,5 |
| | Montceau-les-Mines | 42 771 | 65 | 12 | 555,5 |
| | Paray-le-Monial | 9 820 | 33 | 2 | 280,6 |
| 72 | La Flèche | 16 900 | 37 | 5 | 402,4 |
| | Le Mans | 150 605 | 225 | 58 | 532,2 |

| Départe-ment | Circons-cription | Popula-tion | Effec-tifs | ADS | Ratio |
|---|---|---|---|---|---|
| 73 | Aix-les-Bains | 26 110 | 48 | 9 | 458,1 |
| | Albertville | 18 190 | 39 | 9 | 379,0 |
| | Chambéry | 80 998 | 116 | 33 | 543,6 |
| 74 | Annecy | 89 640 | 115 | 33 | 605,7 |
| | Annemasse | 57 619 | 79 | 18 | 594,0 |
| | Leman | 47 653 | 79 | 13 | 518,0 |
| 76 | Bolbec-Lillebonne | 38 556 | 43 | 8 | 756,0 |
| | Dieppe | 47 563 | 82 | 12 | 506,0 |
| | Fécamp | 24 643 | 46 | 11 | 432,3 |
| | Le Havre | 239 500 | 466 | 95 | 426,9 |
| | Le Tréport | 18 638 | 39 | 3 | 443,8 |
| | Rouen | 433 638 | 697 | 149 | 512,6 |
| 77 | Chelles | 69 015 | 109 | 14 | 561,1 |
| | Chessy (Disney) | 16 159 | 122 | 9 | 123,4 |
| | Coulommiers | 28 975 | 62 | 16 | 371,5 |
| | Dammarie-les-Lys | 43 399 | 83 | 10 | 466,7 |
| | Fontainebleau | 46 766 | 82 | 22 | 449,7 |
| | Lagny | 59 580 | 84 | 14 | 608,0 |
| | Meaux | 73 638 | 149 | 32 | 406,8 |
| | Melun | 127 321 | 262 | 54 | 402,9 |
| | Mitry-Mory | 37 613 | 62 | 8 | 537,3 |
| | Moissy-Cramayel | 62 929 | 101 | 26 | 495,5 |
| | Montereau | 30 394 | 71 | 20 | 334,0 |
| | Moret-sur-Loing | 33 096 | 48 | 13 | 542,6 |
| | Nemours | 33 017 | 58 | 10 | 485,5 |
| | Noisiel | 88 737 | 144 | 23 | 531,4 |
| | Pontault-Combault | 90 824 | 137 | 18 | 586,0 |
| | Provins | 20 589 | 54 | 19 | 282,0 |
| | Villeparisis | 31 884 | 47 | 8 | 579,7 |
| 78 | Conflans-Sainte-Honorine | 75 250 | 131 | 18 | 505,0 |
| | Élancourt | 95 211 | 135 | 19 | 618,3 |
| | Guyancourt | 73 412 | 103 | 10 | 649,7 |
| | Houilles | 42 293 | 62 | 12 | 571,5 |
| | La Celle-Saint-Cloud | 30 294 | 48 | 4 | 582,6 |
| | Le Vésinet | 68 949 | 84 | 7 | 757,7 |
| | Les Mureaux | 62 697 | 109 | 24 | 471,4 |
| | Maisons-Lafitte | 28 506 | 44 | 10 | 527,9 |
| | Mantes-la-Jolie | 113 101 | 198 | 33 | 489,6 |
| | Marly-le-Roy | 47 186 | 55 | 4 | 799,8 |
| | Poissy | 91 447 | 133 | 27 | 571,5 |
| | Rambouillet | 40 101 | 62 | 12 | 541,9 |
| | Saint-Cyr-l'École | 57 417 | 64 | 5 | 832,1 |

| Dépar-tement | Circons-cription | Popula-tion | Effec-tifs | ADS | Ratio |
|---|---|---|---|---|---|
| | Saint-Germain-en-Laye | 70 212 | 99 | 19 | 595,0 |
| | Sartrouville | 50 560 | 89 | 12 | 500,6 |
| | Trappes | 28 956 | 82 | 9 | 318,2 |
| | Vélizy-Villacoublay | 44 483 | 73 | 8 | 549,2 |
| | Versailles | 128 016 | 193 | 24 | 589,9 |
| 79 | Niort | 59 346 | 97 | 23 | 494,6 |
| | Thouars | 14 372 | 34 | 7 | 350,5 |
| 80 | Abbeville | 25 439 | 47 | 10 | 446,3 |
| | Albert | 11 660 | 34 | 7 | 284,4 |
| | Amiens | 156 378 | 255 | 79 | 468,2 |
| 81 | Albi | 61 851 | 95 | 25 | 515,4 |
| | Carmaux | 15 889 | 34 | 7 | 387,5 |
| | Castres | 45 413 | 80 | 21 | 449,6 |
| | Graulhet | 12 982 | 36 | 5 | 316,6 |
| | Mazamet | 18 335 | 41 | 7 | 382,0 |
| 82 | Castelsarrasin | 12 221 | 38 | 0 | 321,6 |
| | Montauban | 54 421 | 100 | 40 | 388,7 |
| 83 | Draguignan | 34 814 | 71 | 20 | 382,6 |
| | Fréjus - Saint-Raphaël | 79 093 | 122 | 26 | 534,4 |
| | Hyères | 53 258 | 78 | 22 | 532,6 |
| | La Seyne-sur-Mer | 67 642 | 110 | 27 | 493,7 |
| | Saint-Tropez | 5 542 | 39 | 5 | 126,0 |
| | Sanary | 58 384 | 76 | 13 | 656,0 |
| | Toulon | 200 768 | 406 | 117 | 383,9 |
| 84 | Avignon | 88 312 | 213 | 60 | 323,5 |
| | Carpentras | 36 947 | 55 | 17 | 513,2 |
| | Cavaillon | 25 058 | 48 | 9 | 439,6 |
| | Orange | 28 889 | 47 | 10 | 506,8 |
| | Pertuis | 18 078 | 40 | 11 | 354,5 |
| 85 | Fontenay-le-Comte | 15 419 | 35 | 5 | 385,5 |
| | La Roche-sur-Yon | 52 947 | 81 | 23 | 509,1 |
| | Les Sables-d'Olonne | 39 907 | 49 | 12 | 654,2 |
| 86 | Châtellerault | 35 795 | 65 | 18 | 431,3 |
| | Poitiers | 117 705 | 173 | 45 | 539,9 |
| 87 | Limoges | 177 780 | 256 | 65 | 553,8 |
| 88 | Épinal | 49 960 | 87 | 26 | 442,1 |
| | Remiremont | 21 184 | 38 | 8 | 460,5 |
| | Saint-Dié | 30 041 | 51 | 18 | 435,4 |
| 89 | Auxerre | 40 292 | 86 | 20 | 380,1 |
| | Joigny | 23 134 | 40 | 11 | 453,6 |
| | Sens | 27 952 | 52 | 16 | 411,1 |
| 90 | Belfort | 75 317 | 126 | 38 | 459,3 |

| Dépar-<br>tement | Circons-<br>cription | Popula-<br>tion | Effec-<br>tifs | ADS | Ratio |
|---|---|---|---|---|---|
| 91 | Arpajon | 64 301 | 86 | 14 | 643,0 |
| | Athis-Mons | 37 226 | 69 | 10 | 471,2 |
| | Brunoy | 80 328 | 104 | 28 | 608,5 |
| | Étampes | 34 688 | 73 | 18 | 381,2 |
| | Évry-Corbeil | 128 613 | 297 | 56 | 364,3 |
| | Juvisy-sur-Orge | 86 620 | 166 | 37 | 426,7 |
| | Longjumeau | 38 026 | 68 | 5 | 520,9 |
| | Massy | 43 486 | 81 | 9 | 483,2 |
| | Montgeron | 84 464 | 139 | 30 | 499,8 |
| | Palaiseau | 112 482 | 188 | 21 | 538,2 |
| | Sainte-Geneviève-des-Bois | 73 022 | 92 | 6 | 745,1 |
| | Savigny-sur-Orge | 47 310 | 73 | 7 | 591,4 |
| 92 | Antony | 78 917 | 146 | 15 | 490,2 |
| | Asnières | 100 362 | 186 | 18 | 492,0 |
| | Bagneux | 37 433 | 80 | 8 | 425,4 |
| | Boulogne-Billancourt | 107 042 | 178 | 16 | 551,8 |
| | Chatenay-Malabry | 74 618 | 130 | 11 | 529,2 |
| | Clamart | 70 890 | 103 | 9 | 632,9 |
| | Clichy | 50 420 | 108 | 10 | 427,3 |
| | Colombes | 77 184 | 133 | 17 | 514,6 |
| | Courbevoie | 82 286 | 133 | 11 | 571,4 |
| | Gennevilliers | 65 171 | 194 | 24 | 298,9 |
| | Issy-les-Moulineaux | 53 152 | 114 | 10 | 428,6 |
| | La Défense | 23 000 | 152 | 4 | 147,4 |
| | Levallois-Perret | 54 994 | 92 | 6 | 561,2 |
| | Meudon | 44 372 | 91 | 4 | 467,1 |
| | Montrouge | 66 793 | 103 | 5 | 618,5 |
| | Nanterre | 86 219 | 170 | 24 | 444,4 |
| | Neuilly-sur-Seine | 60 364 | 151 | 11 | 372,6 |
| | Puteaux | 29 950 | 92 | 11 | 290,8 |
| | Rueil-Malmaison | 74 671 | 109 | 11 | 622,3 |
| | Saint-Cloud | 56 656 | 103 | 17 | 472,1 |
| | Sèvres | 52 463 | 100 | 8 | 485,8 |
| | Suresnes | 40 594 | 88 | 9 | 418,5 |
| | Vanves | 55 356 | 105 | 8 | 489,9 |
| 93 | Aubervilliers | 63 524 | 162 | 17 | 354,9 |
| | Aulnay-sous-Bois | 127 530 | 219 | 16 | 542,7 |
| | Bobigny | 44 318 | 142 | 15 | 282,3 |
| | Bondy | 65 643 | 126 | 17 | 459,0 |
| | Drancy | 62 624 | 101 | 10 | 564,2 |
| | Épinay-sur-Seine | 58 012 | 149 | 23 | 337,3 |
| | Gagny | 61 075 | 142 | 28 | 359,3 |

| Département | Circonscription | Population | Effectifs | ADS | Ratio |
|---|---|---|---|---|---|
| | La Courneuve | 56 507 | 158 | 16 | 324,8 |
| | Le Blanc-Mesnil | 47 079 | 119 | 14 | 354,0 |
| | Le Raincy | 41 558 | 127 | 16 | 290,6 |
| | Les Lilas | 93 864 | 194 | 26 | 426,7 |
| | Livry-Gargan | 47 865 | 91 | 7 | 488,4 |
| | Montreuil-sous-Bois | 91 146 | 219 | 28 | 369,0 |
| | Neuilly-sur-Marne | 51 175 | 110 | 14 | 412,7 |
| | Noisy-le-Grand | 64 415 | 133 | 21 | 418,3 |
| | Noisy-le-Sec | 37 460 | 102 | 9 | 337,5 |
| | Pantin | 50 070 | 124 | 21 | 345,3 |
| | Rosny-sous-Bois | 66 729 | 126 | 19 | 460,2 |
| | Saint-Denis | 93 701 | 250 | 34 | 329,9 |
| | Saint-Ouen | 40 015 | 143 | 19 | 247,0 |
| | Stains | 59 015 | 141 | 12 | 385,7 |
| | Villepinte | 67 920 | 118 | 12 | 522,5 |
| 94 | Alfortville | 36 392 | 86 | 8 | 387,1 |
| | Boissy-Saint-Léger | 81 156 | 118 | 15 | 610,2 |
| | Champigny-sur-Marne | 74 658 | 143 | 13 | 478,6 |
| | Charenton-le-Pont | 39 527 | 94 | 6 | 395,3 |
| | Chennevières-sur-Marne | 86 152 | 118 | 10 | 673,1 |
| | Choisy-le-Roi | 55 280 | 132 | 14 | 378,6 |
| | Créteil | 98 982 | 230 | 21 | 394,4 |
| | Fontenay-sous-Bois | 51 264 | 125 | 10 | 379,7 |
| | Gentilly | 131 231 | 244 | 37 | 467,0 |
| | Ivry-sur-Seine | 51 425 | 115 | 2 | 439,5 |
| | L'Hay-les-Roses | 107 367 | 202 | 14 | 497,1 |
| | Maisons-Alfort | 51 749 | 97 | 11 | 479,2 |
| | Nogent-sur-Marne | 91 057 | 134 | 13 | 619,4 |
| | Saint-Maur-des-Fossés | 73 613 | 111 | 2 | 651,4 |
| | Villeneuve-Saint-Georges | 63 696 | 131 | 15 | 436,3 |
| | Vincennes | 63 916 | 118 | 4 | 523,9 |
| | Vitry-sur-Seine | 79 322 | 157 | 19 | 450,7 |
| 95 | Argenteuil | 141 125 | 237 | 38 | 513,2 |
| | Bezons | 26 480 | 52 | 8 | 441,3 |
| | Cergy-Pontoise | 141 074 | 311 | 57 | 383,4 |
| | Deuil-la-Barre | 40 995 | 72 | 9 | 506,1 |
| | Enghien | 29 801 | 61 | 9 | 425,7 |
| | Ermont | 100 832 | 161 | 22 | 551,0 |
| | Garges-lès-Gonesse | 40 213 | 91 | 16 | 375,8 |
| | Gonesse | 65 694 | 117 | 27 | 456,2 |
| | Herblay | 45 378 | 63 | 11 | 613,2 |
| | Montmorency | 42 327 | 57 | 6 | 671,9 |

| Dépar-tement | Circons-cription | Popula-tion | Effec-tifs | ADS | Ratio |
|---|---|---|---|---|---|
| | Persan-Beaumont | 35 579 | 87 | 9 | 370,6 |
| | Sarcelles | 97 223 | 184 | 40 | 434,0 |
| | Taverny | 58 007 | 81 | 10 | 637,4 |
| 971 | Capesterre-Belle-E. | 9 500 | 30 | 6 | 263,9 |
| | Pointe-à-Pitre | 88 892 | 201 | 49 | 355,6 |
| 972 | Fort-de-France | 48 485 | 198 | 32 | 210,8 |
| | Le Lamentin | 15 400 | 57 | 13 | 220,0 |
| 973 | Cayenne | 50 675 | 179 | 45 | 226,2 |
| 974 | Ports-des-Galets | 35 000 | 67 | 25 | 380,4 |
| | Saint-Benoit | 35 000 | 56 | 15 | 493,0 |
| | Saint-Denis | 90 000 | 148 | 46 | 463,9 |
| | Saint-Pierre | 33 000 | 74 | 21 | 347,4 |
| 981 | Nouméa | 77 453 | 276 | 43 | 242,8 |
| 982 | Papeete | 25 932 | 117 | 19 | 190,7 |

# BIBLIOGRAPHIE

*Archives de la police,* Trinckvel, 1995.
*La manifestation,* Pierre Favre, Presses de la FNSP, 1990.
*Les flics, 120 000 inconnus,* Alain Leauthier et Frédéric Ploquin, Flammarion, 1990.
*Interpol,* Laurent Greilsamer, Fayard, 1997.
*La guerre des polices,* Philippe Madelin, Albin Michel, 1989.
*La police, combien de divisions ?,* Francis Zamponi, Dagorno, 1994.
*Le désordre policier,* Jean-Jacques Gleizal, PUF, 1985.
*Où sont les policiers ?,* Alain Bauer, in *La Gazette des communes.*
*Violences et insécurité urbaines,* Alain Bauer et Xavier Raufer, PUF, « Que sais-je ? », 8$^e$ éd., 2002.
*La police en France,* Jean-Jacques Gleizal, PUF, « Que sais-je ? ».
*La police, approche sociopolitique,* Jean-Louis Loubet del Bayle, Montchrestien, 1992.
*Histoire de la police en France,* Georges Carrot, Tallandier, 1992.
*Le monde des polices en France,* Jean-Marc Berlière, Complexe, 1996.
*Pouvoirs et polices au XX$^e$ siècle,* Jean-Marc Berlière et Denis Peschanski, Complexe, 1997.
*La police en France,* Christophe Soullez et Luc Rudolph, Milan, 2000.
*La police,* Gallimard, « Découvertes ».
*La police des polices,* Jean-Marc Ancian, Balland, 1988.
*Ce que fait la police,* Dominique Monjardet, La Découverte, 1996.
*La sécurité publique à l'épreuve du terrain,* Dominique Gatto et Jean-Claude Thoenig, L'Harmattan, 1993.
*La préfecture de police 1800-2000,* Claude Charlot, Préfecture de police à Paris, 2000.
*Le droit de la police,* André Decocq, Jean Montreuil et Jacques Buisson, Litec, 1998.
*Le commissaire de police,* Alain Quéant, Economica, 1998.
*Les seigneurs de l'ordre public,* Alain Hamon et Xavier Périssé, Belfond, 1991.
*Panoramiques. Être flic aujourd'hui,* 1998.
Assemblée nationale, *Mission d'évaluation et de contrôle,* Rapport 1781, juillet 1999.
*Histoire de la gendarmerie,* Éric Alary, Calmann-Lévy, 2000.
*La gendarmerie,* Hubert Haenel, Richard Lizurey et René Pichon, PUF, « Que sais-je ? », 3$^e$ éd., 1999.
*Gendarmerie nationale,* François Bertin, Ouest-France, 1998.
*Actes du Colloque « La Gendarmerie nationale. Une institution républicaine au service du citoyen »,* Odile Jacob, 2000.
*Naissance de la police privée,* Dominique Kalifa, Plon, 2000.
*La dynamique des emplois dans la sécurité,* Pierre Simula, IHESI, 1999.
*Rapport de branche,* SNES, 2000.
*Les défis de la sécurité privée,* Frédéric Ocqueteau, L'Harmattan, 1997.
Collection des *Cahiers de l'IHESI.*

# TABLE DES MATIÈRES

Imprimé en France
Imprimerie des Presses Universitaires de France
73, avenue Ronsard, 41100 Vendôme
Octobre 2002 — Nº 49 601